David Brown

Allah der Allmächtige – Jesus der Gekreuzigte?

Die Frage nach dem Sinn des Kreuzes

Sonderausgabe
des Orientdienstes, Wiesbaden

Herausgegeben in Verbindung mit dem
ORIENTDIENST e. V.
Schwalbacher Str. 48, Postfach 45 46, Tel. (0 61 21) 30 68 51
6200 WIESBADEN

Originaltitel: The Cross of the Messiah

Aus dem Englischen übersetzt von Willi Höpfner

1976 Aussaat Verlag GmbH, Wuppertal
Umschlag: Harald Wever, Wuppertal
Satz und Druck: Aussaat Verlag, Wuppertal
ISBN 3 7615 0213 3

INHALT

Die Berichte über das Leben und Sterben Jesu Christi, wie wir sie im Koran finden, unterscheiden sich von denen im Neuen Testament nicht nur durch ihre Kürze, sondern vor allem durch ihre andersartige Darstellung des Todes und der Auferstehung Jesu Christi. Die koranische Behauptung: „Sie haben ihn nicht gekreuzigt und nicht getötet, sondern einen ihm Ähnlichen" steht im Gegensatz zu dem, was das Neue Testament vom Sterben und von der Auferstehung Jesu Christi aussagt. Daraus ergeben sich auch eine verschiedene Gottesvorstellung und eine andere Aussage über das Verhältnis des Menschen zu seinem Gott.

Das vorliegende Buch will dem Moslem und dem Menschen von heute das Zeugnis von der Liebe Gottes, wie sie sich im besonderen im Leiden und Sterben Jesu Christi offenbart, bewußt machen. David Brown, der Verfasser, war jahrelang im Vorderen Orient und hatte dort zahlreiche Begegnungen mit Moslems.

Wir danken dem Autor, der jetzt Bischof in Guildford (England) ist, wie auch dem Verlage, der Sheldon Press (London), für ihre freundliche Erlaubnis, dieses Buch, das in englisch unter dem Titel „The Cross of the Messiah" erschien, nun auch in deutscher Fassung vorzulegen.

Möchte es manchem Moslem und vielleicht auch manchem suchenden „Christen" ein Wegweiser zum Kreuz von Golgatha und zu seinem Heil sein!

Willi Höpfner
Orientdienst e. V.
Wiesbaden

VORBEMERKUNG

Wenn ein Christ über das Kreuz des Messias schreibt, so berührt er damit jenen Teil der Evangelien, der ihm besonders teuer ist und worüber er am häufigsten nachsinnt. Die Wirksamkeit der Handlungen seines Herrn mag er auf irgendeine der vielen möglichen Arten erklären; immer aber denkt er wie Paulus, der große christliche Missionar, an den Messias als an „den Einen, der mich geliebt und sich selbst für mich dahingegeben hat" (Gal. 2, 20). Er kann deshalb über das Kreuz nur mit Demut und Zurückhaltung schreiben und dafür beten, daß er nicht in unwürdiger Weise von diesem großen Akt der Liebe und der Selbstaufopferung spricht.

Oft haben meine moslemischen Freunde mir von ihren Schwierigkeiten berichtet, wenn sie den Versuch machten, die christliche Motivierung des Kreuzes zu verstehen. Deshalb habe ich das Buch auch unter sorgfältiger Berücksichtigung ihrer Sorge um Gottes Herrschaft verfaßt. Es ist mein Gebet, daß Moslems durch dieses Buch dahin gelangen, in dem Bericht von der Kreuzigung, die ja auch vom Koran bezeugt wird, ein Zeichen der ewigen Liebe Gottes zu sehen; sie verkündigen ja dessen Herrschaft und dienen ihr mit Ehrerbietung.

Diese besondere Absicht des Buches nötigte mich zu einigen Beschränkungen in der Darlegung der christlichen Lehre von der Bedeutung des Todes Jesu. Ich habe in erster Linie versucht, die Grundaussage der christlichen Botschaft klar und deutlich herauszustellen.

Zwei Freunden, die aus zwei verschiedenen Ländern und Kirchen kommen, bin ich zu tiefem Dank verpflichtet: Rev. Dr. Kenneth Nolin und Rev. John Crossley. Mit ihrer Hilfe kam es zu manchen Verbesserungen im Text und Aufbau des vorliegenden Buches.

TEIL I:
DIE BERICHTE ÜBER DIE KREUZIGUNG

In diesem Teil des Buches sollen die Berichte vom Tode des Messias untersucht werden, wie sie uns in den christlichen Schriften und im Koran begegnen. Die unterschiedlichen Schwerpunkte der Aussagen führen zu der zentralen Frage nach der Herrschaft Gottes, die im zweiten Teil dieses Buches behandelt wird.

1. Das Leben des Messias nach den Evangelien

Die Evangelien

Seit dem Tode der Gefährten des Messias gründet sich der Glaube der Christen an ihn auf vier Sammlungen von Überlieferungen, die unter dem Namen „Evangelien" bekannt sind.

Das Markus-Evangelium stellt die Überlieferung dessen dar, was Petrus, einer der erwählten Jünger Jesu, seinem Gehilfen Markus berichtete. Nach dem Tode des Petrus (um das Jahr 64) verarbeitete dieser das Gehörte dann zu einem einzigen zusammenhängenden Bericht. Das Lukas-Evangelium überliefert uns den Bericht eines Arztes namens Lukas, der als auserwählter Gefährte des ersten großen christlichen Missionars, Paulus, einen sorgfältigen Bericht vom Leben und Sterben des Messias verfaßte, um einen hochgestellten römischen Staatsbürger von der Wahrheit der christlichen Botschaft zu überzeugen. Das Matthäus-Evangelium stellt eine Sammlung von Überlieferungen dar, die die Gemeinde in Antiochien (Syrien) als authentisch anerkannte und als deren Schreiber Matthäus gilt, ein Jünger Jesu. Das Johannes-Evangelium wurde wahrscheinlich als letztes verfaßt, zwischen 80 und 95

n. Chr. Man nimmt an, daß es von dem Apostel Johannes in hohem Alter geschrieben wurde, nachdem er ein Leben lang als Lehrer und Verkündiger der christlichen Botschaft in den Städten Kleinasiens gewirkt hatte.

Die Glaubwürdigkeit dieser Evangelien resultiert nicht allein aus den Personen, ihrer Verfasser, sondern auch daraus, daß es sich bei ihnen um Dokumente handelt, die in vier der bedeutendsten christlichen Gemeinden des ersten nachchristlichen Jahrhunderts als authentische Berichte des Lebens Jesu galten. So wurde das Markus-Evangelium von der Gemeinde in Rom, das Lukas-Evangelium sowohl dort als auch von den Gemeinden in Griechenland anerkannt, während das Matthäus-Evangelium in Antiochien und vielleicht in Jerusalem seinen festen Platz hatte. Das Johannes-Evangelium war maßgebend für die Gemeinde in Ephesus.

Jedes Evangelium hat seine besondere Prägung. Es handelt sich bei ihnen um vier voneinander unabhängige Berichte über das Leben und die Lehre des Messias, die jedoch in einem engen Zusammenhang miteinander stehen. Es sind Dokumente, die von einzelnen Männern zu verschiedenen Zeiten und an verschiedenen Orten geschrieben wurden, wobei die Christen der Überzeugung sind, daß die Verfasser hierzu vom Geiste Gottes inspiriert waren. So besitzen diese Evangelien für die Christen höchste Autorität in bezug auf das, was über das Leben und die Lehre des Messias überliefert ist, zumal sie von Zeitgenossen Jesu geschrieben wurden. Vergleicht man sie mit dem, was in jener Zeit aus anderen Quellen überliefert wurde, so erweisen sie sich in ihren entscheidenden Aussagen als glaubwürdig und zuverlässig.

Bemerkenswerterweise geben die Evangelien keinen vollständigen Bericht vom Erdenleben des Messias. Nur zwei von ihnen erzählen uns beispielsweise etwas über seine Geburt, während uns über die Zeit vor seinem 30. Lebensjahr, dem Beginn seiner Predigttätigkeit, nur ein Bericht überliefert ist. Das hat seinen Grund u. a. darin, daß es sich bei den Evange-

lien um Niederschriften dessen handelt, was die christlichen Verkündiger jener Zeit in ihren öffentlichen Predigten mitteilten, um damit zu beweisen, daß Jesus der wahre Messias war. Außerdem mag es daher kommen, daß die Jünger Jesus erst kennenlernten, als er bereits öffentlich als Träger der Heilsbotschaft auftrat. So war ihnen vieles aus seinem früheren Leben unbekannt. Spätere christliche Autoren machten den Versuch, diese Lücke an Informationen über die Kindheit und Jugend Jesu auszufüllen; dabei verließen sie sich aber zu sehr auf ihre eigene Vorstellung bzw. auf fremde Mitteilungen, so daß die christliche Kirche diese erst späteren Berichte nicht als authentisch anerkannte und damit auch nicht in das Neue Testament aufnahm.
Während die Evangelien nur wenig über die Kindheit und Jugend des Erlösers mitteilen, so enthalten sie doch manche ausführliche Angaben über die Haupttatsachen seines Dienstes und seiner Botschaft; auch die letzte Woche seines Erdenlebens finden wir ausführlich beschrieben. Mehr als ein Drittel der Evangelien ist dem gewidmet, was sich in der Zeit zutrug, als Jesus Jerusalem zum letzten Male betrat und als er zu neuem Leben auferstand, nachdem er zuvor gekreuzigt worden war. Insgesamt zeigen uns die Evangelien, daß die Christen gleich zu Beginn, zur Zeit der ersten Kirche, den größten Nachdruck auf das Leiden und Sterben Jesu gelegt haben[1].
Warum dies so ist, soll im folgenden näher erläutert werden.

Das Leben des Messias

Jesus, der Messias, wurde in den letzten Jahren der Regierungszeit Herodes des Großen geboren, also um 6 oder 8 „vor Christus", und zwar in Bethlehem, einer Kleinstadt südlich von Jerusalem[2]. Nach den Evangelien war er der Sohn einer Jungfrau namens Maria (Mirjam). Durch seinen Pflegevater Joseph, aber auch durch seine Mutter Maria, gehörte er zum königlichen Geschlecht Davids, des ersten Königs der Juden. Herodes hörte von der Geburt des Kindes und trachtete ihm nach dem Leben. Maria und Joseph flohen daher mit ihm nach Ägypten, von wo sie erst nach dem Tode des Herodes (4 v. Chr.) nach Palästina zurückkehrten. Sie ließen sich in Nazareth nieder, einem Städtchen in Galiläa, südwestlich des Sees Genezareth. Hier war Joseph aufgewachsen, und hier sorgte er jetzt für seine Familie, indem er als Bauhandwerker sein Brot verdiente. Jesus wuchs also in ganz gewöhnlicher und natürlicher Weise heran. Nichts an seiner Person ließ auf seine besondere Sendung schließen.

Etwa im Jahre 27, als Jesus ungefähr dreißig Jahre alt geworden war, begann sein Vetter Johannes in der Wüste, unweit des Jordan, zu predigen. Er rief seine Landsleute auf, sich durch sittliche Umkehr auf das Kommen des Gottesreiches vorzubereiten. Als Zeichen ihrer echten Reue forderte er seine Zuhörer auf, ihre Sünden zu bekennen und sich im Jordan zu reinigen. Jesus schloß sich der von Johannes begründeten Bewegung an. Dieser aber wies auf ihn als auf den von Gott erwählten Messias hin.

Während seiner Taufe durch Johannes hatte Jesus eine Vision. Gott bezeichnete ihn als seinen Stellvertreter und berief ihn, mit seinem Auftrag zu beginnen. „Messias" bedeutet wörtlich „Gesalbter", d. h. gesalbt mit heiligem Öl als besonderes Zeichen der Weihe für den Dienst im Auftrage Gottes. Die Juden gaben den Namen Messias ihrem Erlöser, dem Erretter, den Gott ihnen senden würde, um das unglückliche Schicksal ihres Volkes zum Guten zu wenden und Gottes Herrschaft auf dieser Erde zu begründen. (Das hebräische Wort für Messias kommt der koranischen Bezeichnung „al-Masih" sehr nahe und hat auch eine ähnliche Bedeutung.)

Nach einer Zeit der Zurückgezogenheit in der Wildnis, in der Jesus seinen göttlichen Auftrag betend überdachte, begann er seine Tätigkeit in Galiläa. Er widmete sein ganzes weiteres Leben der Verkündigung. Ungewöhnliche und wunderbare

Predigten sind uns überliefert, so in Matthäus 5—7. Jesus verstand es in besonderer Weise, seinen Zuhörern das Wesen und die Königsherrschaft Gottes sowie die damit an den Menschen ergehenden Forderungen nahezubringen. Seine Geschichten, die sog. „Gleichnisse", zogen die Zuhörer in ihren Bann und zwangen zur Entscheidung für oder gegen die Herrschaft Gottes. Er lehrte in den Synagogen, wo die Juden sich am Sabbat zum Gottesdienst versammelten; er sprach aber auch innerhalb des Landes, wo sich auf den Hügeln das Volk um ihn scharte, um seine Botschaft zu hören. Doch nicht nur in seiner Verkündigung wurde die lebendige Kraft Gottes offenbar; sondern auch durch Krankenheilungen und andere Wundertaten bewies er seinen göttlichen Auftrag.
Einen Eindruck von seiner Tätigkeit gibt der nachstehende Bericht über einen Tag in Kapernaum, einer Stadt am Ufer des Sees Genezareth.

Markus 1, 21—35:
Als sie nach Kapernaum kamen, ging Jesus gleich am nächsten Sabbat in die Synagoge und sprach zu den Versammelten. Sie waren von seinen Worten tief beeindruckt; denn er redete wie einer, der Autorität hat, ganz anders als die Gesetzeslehrer.
In der Synagoge war ein Mann, der von einem bösen Geist besessen war. Er schrie laut: „Was hast du mit uns vor, Jesus von Nazareth? Willst du uns zugrunde richten? Ich kenne dich genau, du bist der, den Gott gesandt hat!" Jesus befahl dem bösen Geist: „Sei still und verlaß den Mann!" Da schüttelte der Geist den Mann und verließ ihn mit einem lauten Schrei.
Alle, die das sahen, erschraken und fragten einander: „Was hat das zu bedeuten? Er hat eine ganz neue Art zu lehren! Was er sagt, überzeugt! Er befiehlt sogar den bösen Geistern, und sie gehorchen ihm." Wie ein Lauffeuer verbreitete sich die Kunde von Jesus ringsum in Galiläa.

Danach verließen sie die Synagoge und gingen in das Haus des Simon und Andreas. Auch Jakobus und Johannes kamen mit. Im Haus erfuhr Jesus, daß die Schwiegermutter mit Fieber im Bett lag. Er ging zu ihr, nahm ihre Hand und richtete sie auf. Das Fieber verschwand, und sie konnte für ihre Gäste sorgen.

Am Abend, nach Sonnenuntergang, brachte man viele Kranke und Besessene zu Jesus. Die ganze Stadt hatte sich vor dem Haus versammelt. Jesus heilte viele Menschen von den verschiedensten Krankheiten und trieb viele böse Geister aus. Er ließ die bösen Geister nicht zu Wort kommen; denn sie wußten, wer er war.

Am nächsten Morgen verließ Jesus lange vor Sonnenaufgang das Haus und ging aus der Stadt hinaus an eine einsame Stelle. Dort betete er.

Der Herr Jesus wurde auf seinen Reisen von einer Gruppe Jünger begleitet; Fischer und Zollbeamte waren es in der Hauptsache. Von ihnen erwählte er zwölf zu seinen besonderen Vertrauten und Boten, die „Apostel". Wie Jesus selbst gingen diese hinaus, um das Reich Gottes zu verkündigen und die Kranken in den Städten und Dörfern Palästinas zu heilen. Die kleine Gruppe lebte aus gemeinsamer Kasse und erfreute sich der Fürsorge einiger Frauen, denen Jesus geholfen hatte.

Dieser Dienst währte etwa drei Jahre. In dieser Zeit besuchte Jesus Jerusalem mehrfach, um im Tempel anzubeten und zu lehren. Die Oberpriester des Tempels und andere religiöse Führer sowie die gesetzmäßige Obrigkeit lehnten Jesus jedoch ab und nötigten ihn gegen Ende seines Wirkens, sich für eine Weile in ein Gebiet nordöstlich von Galiläa zurückzuziehen, das nicht der Gerichtsbarkeit des Herodes Antipas, des Herrschers von Galiläa, unterstand. Hier gab er seinen Jüngern besonderen Unterricht. Bald darauf begann dann seine letzte Reise nach Jerusalem, wo er — wie uns die Evangelien berichten — den Tod am Kreuz erlitt.

Der Widerstand der Juden

Da die Feindschaft der Juden in den Berichten vom Tode des Messias eine so bedeutende Rolle spielt — nicht nur in den Evangelien, sondern auch im Koran —, ist es wichtig, die Gründe dieser Feindseligkeiten zu verstehen.

In erster Linie war es Jesu Lehre, gegen die die religiösen Führer opponierten. Sie waren hierauf eifersüchtig und fürchteten, ihre Vorrangstellung zu verlieren; denn nur die „Rabbis", d. h. von anerkannten Lehrern ausgebildete Gesetzeslehrer, waren befugt, über das jüdische religiöse Gesetz Entscheidendes auszusagen. Jesus hingegen war nur ein Handwerker ohne besondere Ausbildung (s. Mark. 6, 1—3). Außerdem stammte er aus dem Norden der Provinz Galiläa und nicht aus Judäa, wo sich der Tempel befand. Die Umstände seiner Geburt mögen darüber hinaus verdreht worden sein, um glaubhaft zu machen, er sei ein uneheliches Kind gewesen. „Du bist ein Samaritaner (d. h. ein Ketzer) und bist von einem bösen Geist besessen", schleuderten ihm die Juden in Jerusalem entgegen (Joh. 8, 48). Jesus entsprach also in seiner Person nicht den Vorstellungen der obersten Juden. Sie konnten und wollten ihn nicht als religiösen Lehrer anerkennen.

Die Feindschaft der Juden entzündete sich jedoch im besonderen an der Haltung Jesu gegenüber dem Gesetzessystem, das die Juden auf der Basis des geschriebenen Gesetzes (Tawrāt) errichtet hatten. Die mosaischen Gesetze waren von den jüdischen Rabbis für ihren mündlichen Unterricht in ganz ähnlicher Weise ausgearbeitet und systematisiert worden wie die Vorschriften des Koran, die als Basis des Sharī'a-Gesetzes galten und von den vier Gesetzesschulen (al-Madhāhib) weiterentwickelt wurden. Die jüdischen Rechtsgelehrten hatten der von den Rabbis weiter ausgearbeiteten mündlichen Überlieferung jedoch eine viel zu hohe Bedeutung beigemessen.

Ihre Lehre wurde von Jesus in folgenden Worten ganz unmittelbar angegriffen:

Lukas 11, 42:
Weh euch Pharisäern! Ihr gebt Gott den zehnten Teil von allem, sogar von Gewürzen wie Minze und Raute, ja sogar vom kleinsten Küchenkraut. Aber ihr vergeßt dabei, Gerechtigkeit zu üben und Gott von Herzen zu lieben. Dies solltet ihr tun, ohne das andere zu vernachlässigen.

Lukas 11, 46; 52:
Weh euch, ihr Gesetzeslehrer! Ihr ladet den Menschen Lasten auf, die sie kaum tragen können, macht aber selbst keinen Finger krumm, um sie tragen zu helfen ...
Weh euch, ihr Gesetzeslehrer! Ihr habt den Schlüssel weggenommen, der die Tür zur Erkenntnis öffnet. Ihr selbst geht nicht hinein, und ihr hindert alle, die hineinwollen.
Jesus wandte sich besonders gegen drei Punkte der jüdischen Gesetzeslehre. Da war zunächst die unbedingte Forderung nach Heiligung des Sabbattages, der nach ihrer Auslegung allein für die Anbetung Gottes bestimmt sein sollte. Wenn dieses Gebot auch im Prinzip für die menschliche Gemeinschaft von Vorteil war, so hatte es doch durch allzu genaue zusätzliche Vorschriften einen so engherzigen Charakter angenommen, daß Jesus angeklagt werden konnte, er habe das Gebot der Sabbatheiligung gebrochen, weil er an diesem Tage Kranke geheilt hatte (s. Mark. 3, 1—6 und Luk. 14, 1—6).
Ebenso warf man Jesus vor, er verunreinige sich, indem er mit Menschen Umgang pflegte, deren Beruf es ihnen nicht erlaubte, das Gesetz in seinem ganzen Umfang zu befolgen. Es waren dies Menschen aus niedrigen Berufen oder solche, die im Dienst der Besatzungsmacht ihr Brot verdienten wie z. B. die Zöllner.
Gegen diese engherzige Auslegung des Gesetzes protestierte Jesus mit den Worten: „Die Gesunden bedürfen des Arztes nicht, aber die Kranken. Ich bin nicht gekommen, die Gerechten zur Buße zu führen, sondern die Verlorenen."
Selbst die Speisung der Fünftausend, die sich an einsamer

Stelle um Jesus versammelt hatten, um ihm zuzuhören, erweckte Feindschaft bei der jüdischen Geistlichkeit, weil die vorgeschriebenen rituellen Waschungen vor dem Mahl nicht von seinen Anhängern beachtet worden waren (s. Mark. 6, 30 bis 7, 8).

Schließlich erhob der Messias Protest gegen solche Fälle, in denen gesetzliche Argumente als Entschuldigung für menschliches Versagen mißbraucht wurden, wie z. B. unterlassene Hilfeleistung (Luk. 10, 25—37) bei räuberischem Überfall oder bei der notwendigen Versorgung betagter Eltern (Mark. 7, 9—13).

Der Hauptpunkt der Lehre Jesu über das Gesetz bestand darin, daß er auf die Wichtigkeit des inneren Beweggrundes einer Handlung hinwies. Die Reinheit der Absicht sei ausschlaggebend und nicht der mechanisch-gedankenlose Gehorsam gegenüber dem Buchstaben des Gesetzes. Wir entnehmen dies aus seinen Worten in Markus 7, 14—23 und Lukas 11, 37—40.

Vor allem ergibt sich aus seiner Lehre, daß die Beweggründe, die Gedanken, die zu sündhaften Handlungen — wie Mord und Ehebruch — führen, ebenso sündig sind wie die Taten selbst.

Matthäus 5, 21—24:

„Ihr wißt, daß euren Vorfahren gesagt worden ist: Du sollst nicht töten! Wer einen Mord begeht, der soll vor Gericht gestellt werden. Ich aber sage euch: Schon wer auf seinen Bruder zornig ist, gehört vor Gericht. Wer aber zu seinem Bruder sagt: Du Idiot, der gehört vor das oberste Gericht. Und wer zu seinem Bruder sagt: Geh zum Teufel, der verdient ins Feuer der Hölle geworfen zu werden. Wenn du zum Altar gehst, um Gott deine Gaben zu bringen, fällt dir dort vielleicht ein, daß dein Bruder etwas gegen dich hat. Dann laß deine Gabe vor dem Altar liegen, geh zuerst zu deinem Bruder und mache Frieden zwischen ihm und dir. Danach kannst du Gott dein Opfer bringen . . ."

Matthäus 5, 27—28:
Ihr wißt auch, daß es heißt: Du sollst keinen Ehebruch begehen. Ich aber sage euch: Wer eine Frau auch nur ansieht und sie begehrt, hat mit ihr in Gedanken schon die Ehe gebrochen.

In diesen Versen wird die persönliche Vollmacht des Messias deutlich, gegen die sich die jüdische Geistlichkeit entrüstet auflehnte, besonders, als das Volk begann, die Lehre Jesu mit der ihrigen zu vergleichen.

Markus 1, 22:
Er redete wie einer, der Vollmacht besitzt, ganz anders als die Gesetzeslehrer.
Der Messias war sich des revolutionären Charakters seiner Lehre voll und ganz bewußt. Er bekräftigte das Neuartige daran in zwei kurzen anschaulichen Gleichnissen:

Matthäus 9, 16—17:
Niemand flickt ein altes Kleid mit einem neuen Stück Stoff. Sonst reißt das neue Stück das alte Kleid nur noch weiter auf, und das Loch wird größer. Es füllt auch niemand neuen Wein, der noch gärt, in alte Schläuche; sonst werden die Schläuche platzen, und auch der Wein geht verloren. Nein, neuer Wein gehört in neue Schläuche.
Die vorstehenden Abschnitte verdeutlichen, warum sich die jüdische Geistlichkeit gegen Jesus verschworen hatte und alles daransetzte, ihn zu beseitigen. Aber auch die Volksmenge in Jerusalem stellte sich schließlich gegen Jesus und forderte schreiend seine Hinrichtung, als er vom römischen Gouverneur verhört wurde. Diese Feindseligkeit der Menschen stand im krassem Gegensatz zu dem begeisterten Empfang Jesu bei dessen Einzug in Jerusalem, als sie ihn zu ihrem König machen wollten, und zu der Art und Weise, in der man früher seiner Botschaft gelauscht hatte.

Markus 3, 7—8:
Viele Menschen aus Galiläa folgten ihm. Auch aus Judäa und

Jerusalem, aus dem Gebiet von Idumäa, von der anderen Seite des Jordans und aus der Gegend der Städte Tyrus und Sidon kamen viele zu Jesus. Sie hatten von ihm gehört und wollten ihn sehen.
Noch eine Woche vor seinem Verhör hatte ihm das Volk bei seinem Einzug in Jerusalem begeistert zugejubelt, um ihn zu ihrem König zu machen.

Markus 11, 8—10:
Viele Leute breiteten ihre Kleider als Teppich auf der Straße aus. Andere rissen Zweige von den Büschen auf den Feldern und legten sie auf den Weg. Die Menschen, die Jesus vorausliefen und die ihm folgten, begannen laut zu rufen: „Gelobt sei Gott! Heil dem, der in seinem Auftrag kommt! Gott segne die Herrschaft unseres Vaters David, die jetzt anbricht! Gelobt sei Gott in der Höhe!"
Jesus verlor die Sympathie und Unterstützung des Volkes, weil er es ablehnte, ein König nach ihren menschlichen Vorstellungen zu werden. In jener Zeit wurden die Juden in Judäa von einem römischen Statthalter regiert, während die Juden in Galiläa der Herrschaft des Königs Herodes Antipas unterstanden, einem Verbündeten der Römer, der nicht rein jüdischer Abstammung war. Das jüdische Volk hoffte auf einen Führer, der sie im Kampf gegen die verhaßten römischen Eroberer siegreich anführen und in Jerusalem erneut ein jüdisches Königreich aufrichten würde; viele Juden glaubten, daß Gottes Segen darauf liegen würde. Den heiß ersehnten Befreier (Erlöser) nannten sie den „Messias". Dabei hatten sie die Vorstellung, der kommende König werde den Titel der alten Könige Israels wieder tragen, und er werde in der Kraft Gottes kommen, um ihr Königreich wieder aufzurichten.
Der Herr Jesus gab zwar zu, der von Gott gesandte Messias zu sein, lehnte es jedoch ab, die Rolle zu spielen, die das Volk ihm abverlangte. Zu Beginn seines Wirkens, als er allein in

der Wüste betete, hatte er der Versuchung widerstanden, ein irdischer König zu werden. Dieser Grundeinstellung blieb er während seines ganzen Lebens treu. Er wurde nicht durch die Berichte vom kriegeführenden König David zu seiner Haltung bewegt, sondern durch die Beschreibung des Gottesknechtes bei den späteren jüdischen Propheten, insbesondere bei Jesaja. Nach dieser Beschreibung sollte der Gottesknecht das jüdische Volk durch seine große Barmherzigkeit und sein Mitleiden erlösen, die Sünden der Menschen wegnehmen und ihre Krankheiten heilen.

Das Leben des Herrn Jesus als Messias Gottes entsprach dieser Beschreibung; er lehrte auch seine Jünger, so zu leben. Das Volk aber hegte ganz andere Hoffnungen und verwarf deshalb seinen Anspruch, der wahre Messias zu sein. Ihre größte Enttäuschung bestand wohl darin, daß er einen Tag nach seinem königlichen Empfang beim Einzug in Jerusalem die Händler und Geldwechsler aus dem Tempelbezirk vertrieb. Der Markt war für den Verkauf der Opfertiere, aber auch zur Zahlung der Tempelsteuer notwendig, wurde daher in einem Bezirk des Tempels abgehalten, dem sog. „Hof der Ungläubigen", wo Nichtjuden, ja selbst die verhaßten Römer hingehen und ihre Gebete verrichten konnten. Das Vorgehen Jesu entsprach ganz und gar nicht der Vorstellung, die die Juden sich von ihrem ersehnten König gemacht hatten. So stimmte das gemeine Volk schließlich der Forderung der obersten Juden an den römischen Statthalter zu: Jesus sollte gekreuzigt werden.

2. Tod und Auferstehung des Messias nach den Evangelien

Der triumphale Einzug in Jerusalem

Scharen von Pilgern und anderen Leuten jubelten dem Messias bei seinem Einzug in Jerusalem einige Tage vor dem Passahfest zu.

Markus 11,1–10:
Kurz vor Jerusalem kamen sie in die Nähe der Ortschaften Bethfage und Bethanien am Ölberg. Da schickte Jesus zwei seiner Jünger voraus und trug ihnen auf: „Geht in das Dorf da vorn! Dort werdet ihr gleich am Ortseingang einen jungen Esel angebunden finden, auf dem noch niemand geritten ist. Bindet ihn los und bringt ihn her. Und wenn jemand fragt: ‚Was tut ihr da?', dann antwortet: ‚Der Herr braucht ihn und wird ihn bald wieder zurückschicken.'"
Die beiden gingen hin und fanden tatsächlich den jungen Esel draußen auf der Straße an einem Hoftor angebunden. Als sie ihn losmachten, sagten ein paar Leute, die dort herumstanden: „Wie kommt ihr dazu, den Esel loszubinden?" Da sagten sie, was Jesus ihnen aufgetragen hatte, und man ließ sie gewähren.
Sie brachten den Esel zu Jesus, legten ihre Kleider über das Tier, und Jesus setzte sich darauf. Viele Leute breiteten ihre Kleider als Teppich auf der Straße aus. Andere rissen Zweige von den Büschen auf den Feldern und legten sie auf den Weg. Die Menschen, die Jesus vorausliefen und die ihm folgten, begannen laut zu rufen: „Gelobt sei Gott! Heil dem, der in seinem Auftrag kommt! Gott segne die Herrschaft unseres Vaters David, die jetzt anbricht! Gelobt sei Gott in der Höhe!"

Die Säuberung des Tempels

Markus 11,15–19:
In Jerusalem ging Jesus wieder in den Tempel und fing sofort an, die Händler und Käufer hinauszujagen. Er stieß die Tische der Geldwechsler und die Stände der Taubenverkäufer um und ließ nicht zu, daß jemand ein heiliges Gerät durch den Tempel trug. Dazu sagte er ihnen: „Steht nicht in der Heiligen Schrift, daß Gott gesagt hat: ‚Mein Haus soll ein Bethaus genannt werden für alle Völker?' Ihr habt eine Räuberhöhle daraus gemacht!"

Als das die führenden Priester und Gesetzeslehrer hörten, suchten sie nach einer Möglichkeit, Jesus umzubringen. Sie fürchteten seinen Einfluß, denn die Volksmenge stand ganz im Bann seiner Worte. Am Abend verließen Jesus und seine Jünger wieder die Stadt.

Verhör durch die jüdische Obrigkeit

Markus 11, 27—33:
Wieder in Jerusalem, ging Jesus im Tempel umher, und die führenden Priester, die Gesetzeslehrer und Ratsältesten kamen zu ihm und fragten: „Wer hat dir das Recht gegeben, hier so aufzutreten? Wer hat dich beauftragt?"
„Ich will euch eine Frage stellen", antwortete Jesus. „Wenn ihr sie mir beantwortet, dann will ich euch sagen, mit welchem Recht ich so handle. Sagt mir: Woher hatte der Täufer Johannes den Auftrag zu taufen? Von Gott oder von Menschen?" Sie berieten sich: „Wenn wir sagen ‚von Gott', dann wird er fragen: Warum habt ihr dann dem Johannes nicht geglaubt? Wenn wir dagegen sagen ‚von Menschen', dann haben wir die Menge gegen uns, weil sie alle überzeugt sind, daß Johannes ein Prophet war." So sagten sie zu Jesus: „Wir wissen es nicht." „Gut", erwiderte Jesus, „dann sage ich euch auch nicht, wer mich beauftragt hat."

Markus 12, 13—17:
Einige Pharisäer und einige Anhänger des Herodes wurden zu Jesus gesandt, um ihm Fangfragen zu stellen.
Sie kamen zu ihm und sagten: „Lehrer, wir wissen, daß es dir nur um die Wahrheit geht. Du läßt dich nicht von Menschen beeinflussen, auch wenn sie noch so mächtig sind, sondern sagst jedem klar und deutlich, wie er nach Gottes Willen leben soll. Nun sage uns: Dürfen wir nach dem Gesetz Gottes dem römischen Kaiser Steuern zahlen oder nicht? Sollen wir es tun oder nicht?"

Jesus erkannte ihre Falschheit und sagte: „Ihr wollt mir doch nur eine Falle stellen! Gebt mir eine Silbermünze, damit ich sie ansehen kann." Sie gaben ihm eine, und er fragte: „Wessen Bild und Name ist hier aufgeprägt?" Sie antworteten: „Des Kaisers!" „Also gut", sagte Jesus, „dann gebt dem Kaiser, was dem Kaiser gehört, aber gebt Gott, was Gott gehört." Solch eine Antwort hatten sie nicht von ihm erwartet.
Die Pharisäer waren die Führer der frommen Juden, die größten Nachdruck darauf legten, das mündlich überlieferte und geschriebene Gesetz in allen Einzelheiten zu befolgen. Nachdem diese ihre Frage gestellt hatten, kamen einige Sadduzäer zu Jesus. Diese waren eine Gruppe von Juden, die die Auferstehung der Toten und die Existenz himmlischer Wesen als Hirngespinste ablehnten. Viele Priester waren Anhänger dieser Lehre, und sie beabsichtigten, mit ihrer Frage die Vorstellung einer Auferstehung von den Toten lächerlich zu machen (s. Mark. 12, 18—27).

Das wichtigste aller Gebote

Markus 12, 28—34:
Ein Gesetzeslehrer hatte diesem Gespräch zugehört. Er war davon beeindruckt, wie Jesus den Sadduzäern geantwortet hatte, und so fragte er ihn: „Welches ist das wichtigste von allen Geboten des Gesetzes?" Jesus sagte: „Das wichtigste Gebot ist dieses: ‚Höre Israel: es gibt keinen anderen Herrn als Gott, unseren Herrn. Du sollst ihn lieben von ganzem Herzen, von ganzer Seele, mit deinem ganzen Verstand und mit allen deinen Kräften!' Gleich danach kommt das andere Gebot: ‚Liebe deinen Nächsten wie dich selbst!' Es gibt kein Gebot, das wichtiger ist als diese beiden."
Da sagte der Gesetzeslehrer zu Jesus: „Du hast vollkommen recht, Lehrer. Es ist so, wie du sagst. Nur einer ist Gott, und es gibt keinen Gott außer ihm. Und darum sollen die Menschen Gott lieben von ganzem Herzen, von ganzer Seele, mit

dem ganzen Verstand und mit aller Kraft, und ihre Mitmenschen lieben wie sich selbst. Das ist viel wichtiger, als Gott Tieropfer und alle möglichen anderen Opfer darzubringen."
Auf diese gute Antwort hin sagte Jesus zu ihm: „Du fängst an zu begreifen, was es heißt, sich der Herrschaft Gottes zu unterstellen."
Von da an wagte niemand mehr, ihn zu fragen.

Der Messias brandmarkt die jüdische Obrigkeit

Im Alten Testament war das Volk der Juden oft als „Weingarten Gottes" bezeichnet worden. Im nachfolgenden Gleichnis stellen die Diener des Weinberg-Eigentümers die Propheten dar, während der Sohn den Messias versinnbildlichen soll.

Markus 12, 1—12:
Jesus erzählte ihnen ein Gleichnis: „Ein Mann legte einen Weinberg an, machte einen Zaun darum, baute eine Weinpresse und errichtete einen Wachtturm. Dann verpachtete er den Weinberg und verreiste. Zur gegebenen Zeit schickte er Boten zu den Pächtern, um seinen Anteil am Ertrag des Weinbergs abholen zu lassen. Die Pächter aber verprügelten sie und schlugen ihnen die Köpfe blutig. Zum zweiten Mal schickte er einen Boten. Den brachten sie sogar um, und so machten sie es noch mit vielen anderen. Wer auch immer geschickt wurde, der wurde mißhandelt oder umgebracht.
Schließlich blieb ihm nur noch sein eigener Sohn, an dem er hing. Den schickte er zu den Pächtern, weil er sich sagte: „Sie werden wenigstens vor meinem Sohn Respekt haben." Aber die Pächter sagten zueinander: „Das ist der Erbe! Wir bringen ihn um, dann gehört der Weinberg uns!" So schlugen sie ihn tot und warfen die Leiche aus dem Weinberg hinaus.
Was wird nun der Besitzer des Weinbergs tun? Er wird selbst hingehen, die Pächter töten und den Weinberg anderen an-

vertrauen. Ihr habt doch gelesen, was in den heiligen Schriften steht: „Der Stein, den die Maurer als unbrauchbar weggeworfen haben, hat sich später als der wichtigste erwiesen. Der Herr hat dieses Wunder vollbracht, und wir haben es gesehen."
Die führenden Priester, Gesetzeslehrer und Ratsältesten merkten, daß das Gleichnis auf sie gemünzt war, und wollten Jesus festnehmen. Aber sie hatten Angst vor dem Volk. So ließen sie ihn unbehelligt und gingen weg.

Matthäus 23, 1—8. 13:
Dann wandte sich Jesus an die Menschenmenge und an seine Jünger und sagte: „Die Gesetzeslehrer und Pharisäer sind die berufenen Ausleger des Gesetzes, das Mose euch gegeben hat. Ihr müßt ihnen also gehorchen und tun, was sie sagen. Aber nach ihren Handlungen dürft ihr euch nicht richten, denn sie selber tun gar nicht, was sie lehren. Sie laden schwere Lasten auf die Schultern der anderen, aber sie machen selbst keinen Finger krumm, um sie tragen zu helfen. Und wenn sie etwas tun, dann nur, um von den Leuten gesehen zu werden. Sie tragen auffällig breite Gebetsriemen und besonders lange Quasten an ihren Kleidern. Bei Feierlichkeiten sitzen sie auf den Ehrenplätzen und beim Gottesdienst in der vordersten Reihe. Sie haben es gern, wenn man sie auf der Straße respektvoll grüßt und sie als ‚hochwürdiger Lehrer' anredet. Aber ihr sollt euch nicht ‚Lehrer' nennen lassen, denn ihr seid untereinander Brüder und habt nur einen, der euch etwas zu sagen hat."
„Weh euch, Gesetzeslehrer und Pharisäer! Ihr Scheinheiligen! Ihr versperrt den Zugang zur neuen Welt Gottes vor den Menschen. Ihr selbst kommt nicht hinein und hindert alle, die hineinwollen."

Die Verschwörung der jüdischen Obrigkeit

Markus 14, 1–11:
Es waren nur noch zwei Tage bis zum Passafest und der Festwoche, während der man nur ungesäuertes Brot ißt. Die führenden Priester und Gesetzeslehrer suchten nach einer Möglichkeit, Jesus heimlich zu verhaften und zu töten. „Aber auf keinen Fall darf das während des Festes geschehen", sagten sie, „sonst gibt es einen Aufruhr im Volk."

Die Salbung des Messias

Jesus war in Bethanien bei Simon, dem Aussätzigen. Während des Essens kam eine Frau herein. Sie hatte ein Fläschchen mit sehr wertvollem Nardenöl. Das öffnete sie und goß Jesus das Öl über den Kopf. Einige der Anwesenden ärgerten sich darüber: „Was soll diese Verschwendung? Dieses Öl hätte man für mehr als dreihundert Silberstücke verkaufen und das Geld den Armen geben können!" Sie machten der Frau heftige Vorwürfe. Aber Jesus sagte: „Laßt sie doch in Ruhe! Warum bringt ihr sie in Verlegenheit? Sie hat mir einen guten Dienst getan. Arme wird es immer bei euch geben, und ihr könnt ihnen jederzeit helfen, wenn ihr nur wollt. Aber mich habt ihr nicht mehr lange bei euch. Sie tat, was sie konnte: Sie hat dieses Öl auf meinen Körper gegossen, um ihn schon im voraus für das Begräbnis zu salben. Ich versichere euch: überall in der Welt, wo die frohe Botschaft verbreitet wird, wird man auch berichten, was sie getan hat, und an sie denken.

Judas bereitet den Verrat vor

Danach ging Judas Ischariot, einer der zwölf Jünger, zu den führenden Priestern, um ihnen Jesus in die Hände zu spielen. Sie freuten sich darüber und versprachen ihm Geld. Von da an suchte Judas eine günstige Gelegenheit, Jesus zu verraten.

Das letzte Abendmahl

Das Passahfest der Juden fand jährlich einmal statt zur Erinnerung an die Befreiung der Juden aus der ägyptischen Knechtschaft.

Markus 14, 12—26:
Am ersten Tag der Festwoche, während der man nur ungesäuertes Brot ißt, als man die Lämmer für das Passamahl schlachtete, fragten die Jünger Jesus: „Wo sollen wir für dich das Festessen vorbereiten?" Da schickte Jesus zwei von ihnen mit dem Auftrag fort: „Geht in die Stadt. Dort werdet ihr einen Mann treffen, der einen Wasserkrug trägt. Folgt ihm, bis er in ein Haus hineingeht, und sagt dem Hausherrn dort: ‚Unser Lehrer läßt fragen, wo er mit seinen Jüngern das Passamahl feiern kann.' Daraufhin wird er euch ein großes Zimmer im Obergeschoß zeigen, das mit Polstern ausgestattet ist und zur Feier bereitsteht. Dort richtet alles für uns her." Die beiden gingen in die Stadt. Sie fanden alles so, wie Jesus es ihnen gesagt hatte, und bereiteten das Passamahl vor.
Als es Abend geworden war, kam Jesus mit den zwölf Jüngern. Während der Mahlzeit sagte er: „Ich weiß genau, daß einer von euch mich verraten wird, — einer, der hier mit mir ißt." Die Jünger waren bestürzt, und einer nach dem anderen fragte ihn: „Du meinst doch nicht mich?" Jesus antwortete: „Es wird einer von euch zwölf sein, der mit mir aus der gleichen Schüssel ißt. Der Menschensohn wird zwar sterben, wie es in den heiligen Schriften vorausgesagt ist. Aber wehe dem Mann, der den Menschensohn verrät! Er wäre besser nie geboren worden!"
Während der Mahlzeit nahm Jesus Brot, dankte Gott dafür, brach es in Stücke und gab es seinen Jüngern mit den Worten: „Nehmt, das ist mein Leib!" Dann nahm er den Kelch, dankte und gab ihnen auch den, und sie tranken alle daraus. Dabei sagte Jesus zu ihnen: „Das ist mein Blut, das für alle Menschen vergossen wird. Gott besiegelt mit ihm seinen

Bund. Ich sage euch: ich werde von nun an keinen Wein mehr trinken, bis ich ihn neu trinken werde, wenn Gott sein Werk vollendet hat."
Dann sangen sie ein Danklied und gingen hinaus zum Ölberg.

Das Gebet im Garten Gethsemane

Der Messias betete um Kraft und Mut, um das auszuführen, was er als den Willen Gottes für sein Leben erkannt hatte.

Markus 14, 32–42:
Sie kamen an eine einsame Stelle, die Gethsemane hieß. Dort sagte Jesus zu seinen Jüngern: „Setzt euch hier, bis ich gebetet habe." Petrus, Jakobus und Johannes nahm er mit. Furcht und Zittern befielen ihn, und er sagte: „Auf mir liegt eine Last, die mich fast erdrückt. Bleibt hier und wacht!" Dann ging er noch ein paar Schritte weiter, warf sich auf die Erde und betete zu Gott: Wenn es möglich ist, laß diese Leidensstunde vorübergehen! Mein Vater, du kannst alles! Erspare mir diesen Leidenskelch! Aber es soll geschehen, was du willst, nicht was ich will."
Dann kehrte er zurück und sah, daß die drei eingeschlafen waren. Da sagte er zu Petrus: „Simon, schläfst du? Kannst du nicht einmal eine einzige Stunde wach bleiben?" Dann sagte er zu ihnen: „Bleibt wach und betet, damit ihr in der kommenden Prüfung nicht versagt. Den guten Willen habt ihr, aber ihr seid nur schwache Menschen."
Noch einmal ging Jesus weg und betete mit den gleichen Worten. Als er zurückkam, schliefen sie wieder. Sie konnten die Augen nicht offenhalten und wußten nicht, was sie ihm antworten sollten. Als Jesus das dritte Mal zurückkam, sagte er zu ihnen: „Schlaft ihr denn immer noch und ruht euch aus? Genug jetzt, es ist soweit; gleich wird der Menschensohn den Feinden Gottes ausgeliefert. Steht auf, wir wollen gehen. Da ist er schon, der mich verrät!"

Jesus wird festgenommen

Markus 14, 43—47:
Noch während er das sagte, kam Judas, einer der zwölf Jünger, mit einem Trupp von Männern, die mit Schwertern und Knüppeln bewaffnet waren. Sie waren von den führenden Priestern, den Gesetzeslehrern und Ratsältesten geschickt worden. Der Verräter hatte mit ihnen ein Erkennungszeichen ausgemacht: „Wem ich einen Begrüßungskuß gebe, der ist es. Den nehmt fest und führt ihn unter Bewachung ab!" Judas ging sogleich auf Jesus zu, grüßte ihn und gab ihm einen Kuß. Da packten sie Jesus und nahmen ihn fest.
Aber einer von denen, die dabeistanden, zog sein Schwert, hieb auf den Diener des Obersten Priesters ein und schlug ihm ein Ohr ab.

Lukas 22, 51:
Doch Jesus rief: „Genug!" Er berührte das Ohr des Mannes und heilte ihn.

Markus 14, 48—50:
Jesus fragte die Männer: „Mußtet ihr wirklich mit Schwertern und Knüppeln kommen, um mich gefangenzunehmen? Bin ich denn ein Verbrecher? Jeden Tag war ich bei euch im Tempel und habe gelehrt, da habt ihr mich nicht festgenommen. Aber die Voraussagen in den heiligen Schriften mußten in Erfüllung gehen!" Da verließen ihn alle seine Jünger und flohen.

Jesus vor dem jüdischen Rat

Markus 14, 53—65:
Dann brachten sie Jesus zum Haus des Obersten Priesters. Dort versammelten sich alle führenden Priester, Ratsältesten und Gesetzeslehrer. Petrus folgte Jesus in weitem Abstand

und kam bis in den Innenhof des Hauses. Dort setzte er sich zu den Wächtern und wärmte sich am Feuer.
Die führenden Priester und der ganze Rat versuchten nun, Jesus durch Zeugenaussagen zu belasten, damit sie ihn zum Tode verurteilen könnten; aber es gelang ihnen nicht. Es meldeten sich zwar viele falsche Zeugen gegen ihn, aber ihre Aussagen stimmten nicht überein. Schließlich traten ein paar Männer auf und behaupteten: „Wir haben ihn sagen hören: ‚Ich will diesen Tempel, der von Menschen gebaut wurde, niederreißen und nach drei Tagen einen anderen bauen, der nicht von Menschen gemacht ist.'" Aber auch ihre Aussagen widersprachen einander.
Da stand der Oberste Priester auf, trat in die Mitte und fragte Jesus: „Hast du nichts gegen diese Anklagen vorzubringen?" Aber Jesus schwieg und sagte kein Wort.
Wieder fragte der Oberste Priester ihn: „Bist du der versprochene Retter? Bist du der Sohn Gottes?" „Ich bin es!" sagte Jesus, „und ihr werdet sehen, wie der Menschensohn an der rechten Seite des Allmächtigen sitzt, und wie er mit den Wolken des Himmels wiederkommen wird."
Da zerriß der Oberste Priester sein Gewand und sagte: „Wir brauchen keine Zeugen mehr! Ihr habt seine Gotteslästerung gehört! Wie lautet euer Urteil?" Einstimmig erklärten sie: „Er ist des Todes schuldig!" Einige begannen, Jesus anzuspucken. Sie banden ihm die Augen zu, ohrfeigten ihn und fragten: „Wer war es? Du bist doch ein Prophet!" Dann nahmen ihn die Wächter vor und schlugen ihn weiter.
„Sohn Gottes" war zwar ein Titel, den man auch den alten jüdischen Königen gab und der in der Ausdrucksweise des Hohenpriesters noch nicht den Sinn der Göttlichkeit zu haben brauchte; doch Jesus wurde von den religiösen Führern der Juden verdammt, weil er für sich den Anspruch erhob, der Messias zu sein, und weil er in seiner Lehre seine einzigartige persönliche Beziehung zu Gott herausstellte.
Als die Juden den Messias vor den römischen Statthalter

brachten, änderten sie die Anklage gegen ihn jedoch so, daß der Statthalter den Eindruck gewinnen mußte, es handele sich um eine politische Affäre. Sie warfen Jesus vor, er habe versucht, ein weltliches Königreich aufzurichten.

Jesus vor dem römischen Statthalter

Markus 15, 1—15:
„Früh am nächsten Morgen faßte der ganze jüdische Rat, die führenden Priester, die Ratsältesten und Gesetzeslehrer einen Beschluß: Sie ließen Jesus fesseln, nahmen ihn mit und übergaben ihm dem Gouverneur Pilatus. Der fragte ihn: „Bist du der König der Juden?" „Ja", antwortete Jesus. Die führenden Priester brachten viele Beschuldigungen gegen ihn vor. Pilatus fragte ihn wieder: „Willst du dich nicht verteidigen? Du hast ja gehört, was sie dir alles vorwerfen." Aber Jesus sagte kein einziges Wort. Darüber war Pilatus sehr erstaunt.
Es war üblich, daß Pilatus zum Passafest einen Gefangenen begnadigte, den das Volk bestimmen durfte. Damals war nun ein Mann namens Barabbas im Gefängnis, zusammen mit Aufrührern, die während eines Aufruhrs einen Mord begangen hatten. Als die Volksmenge zu Pilatus zog und ihn um die übliche Begnadigung bat, fragte er sie: „Soll ich euch den König der Juden freigeben?" Denn er wußte genau, daß die führenden Priester Jesus nur aus Neid an ihn ausgeliefert hatten.
Aber die führenden Priester redeten auf die Leute ein, sie sollten die Freilassung des Barabbas fordern. „Was soll ich dann mit dem machen, den ihr den König der Juden nennt?" fragte Pilatus. „Kreuzigen!" schrien sie. „Was hat er denn für ein Verbrechen begangen?" fragte Pilatus; aber sie schrien noch lauter: „Kreuzige ihn!" Um dem Volk einen Gefallen zu tun, gab Pilatus ihnen Barabbas frei. Jesus aber ließ er auspeitschen und gab Befehl, ihn ans Kreuz zu nageln.

Der Weg zur Hinrichtung

Markus 15, 16—21:
Die Soldaten brachten Jesus in den Hof des Palastes und riefen die ganze Mannschaft zusammen. Sie hängten ihm einen purpurfarbenen Mantel um, flochten eine Krone aus Dornenzweigen und setzten sie ihm auf. Dann begannen sie ihn zu grüßen: „Der König der Juden lebe hoch!“ Sie schlugen ihn mit einem Stock auf den Kopf, spuckten ihn an, warfen sich vor ihm auf die Knie und huldigten ihm wie einem König. Als die Soldaten ihn genug verspottet hatten, nahmen sie ihm den Mantel wieder ab, zogen ihm seine eigenen Kleider an und führten ihn hinaus, um ihn ans Kreuz zu nageln.
Unterwegs trafen sie einen Mann, der gerade vom Feld in die Stadt zurückkam, und zwangen ihn, Jesus das Kreuz zu tragen.

Lukas 23, 27—29. 32:
Eine große Volksmenge folgte ihm; darunter auch einige Frauen, die um ihn weinten und wehklagten. Jesus wandte sich an sie und sagte: „Ihr Frauen von Jerusalem! Weint nicht über mich, sondern weint über euch und eure Kinder! Denn die Zeit wird kommen, da die Leute ausrufen werden: ‚Wie glücklich sind doch die Frauen, die nie Kinder hatten, die niemals Säuglinge zur Welt gebracht und gestillt haben.‘“ Zusammen mit Jesus wurden noch zwei Verbrecher hingerichtet.

Die Kreuzigung

Markus 15, 22—32:
Sie brachten Jesus an einen Ort, der hieß Golgatha; das bedeutet Schädelstätte. Dort wollten sie ihm Wein mit einem betäubenden Zusatz geben; aber Jesus weigerte sich, zu trinken.
Sie nagelten ihn dann ans Kreuz und teilten seine Kleidungs-

stücke unter sich aus. Sie warfen Würfel und ließen das Los entscheiden, wer welches Kleidungsstück bekäme. Es war neun Uhr morgens, als sie ihn kreuzigten. Die Anklage gegen ihn schrieb man ans Kreuz, über sein Haupt: „Der König der Juden". Zugleich mit Jesus nagelten sie auch zwei Verbrecher an Kreuze, einen rechts und einen links von ihm. (Auf diese Weise wurde die Heilige Schrift erfüllt: „Er wurde unter die Übeltäter gerechnet.")
Die Leute, die vorüberkamen, schüttelten die Köpfe und beschimpften Jesus: „Ha! Wolltest du nicht den Tempel niederreißen und in drei Tagen wieder aufbauen? Dann befreie dich doch und komm herunter vom Kreuz!" In ähnlicher Weise trieben die führenden Priester und Gesetzeslehrer ihren Spott mit Jesus. Sie sagten untereinander: „Andere hat er gerettet, aber sich selbst kann er nicht helfen! Wenn er der Messias, der König von Israel ist, dann soll er doch jetzt vom Kreuz herabsteigen. Dann wollen wir gern an ihn glauben!"

Lukas 23, 39—43:
Einer der Verbrecher neben ihm beschimpfte ihn: „Bist du nicht der Messias? Dann rette uns und dich selbst!" Doch der andere wies den ersteren zurecht: „Hast du keine Furcht vor Gott? Hier am Kreuz sind wir doch alle in gleicher Verdammnis. Uns beiden geschieht nur recht. Wir erhalten die Strafe, die wir verdienen. Dieser aber hat kein Unrecht getan!" Und zu Jesus sprach er: „Vergiß mich nicht, Jesus, wenn du als König wiederkommst!" Und Jesus antwortete ihm: „Ich sage dir eins: Noch heute wirst du mit mir im Paradies sein!"

Der Tod

Markus 15, 33—37:
Um zwölf Uhr mittags senkte sich über das ganze Land eine Finsternis, die drei Stunden andauerte. Um drei Uhr schrie Jesus laut: „Eloi, eloi, lama sabachtani", das heißt: „Mein

Gott, mein Gott, warum hast du mich verlassen?" Einige von den Leuten, die dabeistanden und ihn hörten, sagten: „Seht, er ruft nach Elias." Einer von ihnen sprang auf, holte einen Schwamm, tauchte ihn in Essig/Wein und steckte ihn ans Ende einer Stange. Dann hielt er sie Jesus an die Lippen und sagte: „Nun laßt uns sehen, ob Elias kommt und ihn vom Kreuz herunterholt!" Da schrie Jesus laut auf und verstarb.
(„Mein Gott, mein Gott, warum hast du mich verlassen?" ist die erste Zeile in Davids Psalm „Zabur", der mit diesem Verzweiflungsschrei beginnt, aber mit einem Ausdruck triumphierenden Glaubens endet.)

Das Begräbnis

Markus 15, 42—46:
Gegen Abend kam Josef von Arimathia. Er war ein hochangesehener Ratsherr, der auf das Kommen des Gottesreiches wartete. Es war der Vorbereitungs- und Rüsttag für den Sabbat. Josef faßte sich ein Herz, ging in den Palast des Pilatus und bat ihn um den Leichnam Jesu. Pilatus war überrascht, als er hörte, daß Jesus schon tot sein sollte. Er befahl den Hauptmann zu sich und fragte ihn, ob Jesus schon lange tot sei. Als der Beamte das bestätigte, erlaubte Pilatus dem Ratsherrn, den Leichnam zu nehmen. Josef kaufte ein Leinentuch, nahm Jesus vom Kreuz und wickelte ihn in das Tuch. Dann legte er ihn in ein Grab, das in einen Felsen gehauen war. Zuletzt rollte er einen großen Stein vor den Grabeingang.

Matthäus 27, 62—66:
Am folgenden Tage, dem Sabbat, trafen sich die obersten Priester und die Pharisäer bei Pilatus. Sie sagten zu ihm: „Herr, wir erinnern uns daran, daß dieser Schwindler, als er noch lebte, immer gesagt hat: ‚Nach drei Tagen werde ich auferstehen!' Gebt deshalb den Befehl, das Grab bis zum dritten Tag streng zu bewachen, damit seine Jünger nicht die Mög-

lichkeit haben, ihn zu stehlen und dann dem Volk zu erzählen, Jesus sei vom Tode auferstanden. Dieser Betrug wäre dann noch viel schlimmer als die Lügen vorher." „Ich gebe euch eine Wache", sagte Pilatus. „Geht und sichert das Grab, so gut ihr könnt!" Daraufhin gingen sie weg und sicherten das Grab, indem sie den Grabstein versiegelten und eine Wache zurückließen.

Die Auferstehung

Matthäus 28, 1–15:
Nach dem Sabbat, am frühen Sonntagmorgen, machten sich Maria Madgalena und die andere Maria auf den Weg, um nach dem Grab zu sehen. Plötzlich gab es ein starkes Erdbeben, und ein Engel Gottes kam vom Himmel herab. Er wälzte den Stein vom Grab weg und setzte sich darauf. Er sah aus wie ein Blitz, und sein Gewand war schneeweiß. Die Soldaten erschraken so sehr vor ihm, daß sie zitterten und wie tot dalagen.
Der Engel sagte zu den Frauen: „Habt keine Angst! Ich weiß, ihr sucht Jesus, der ans Kreuz genagelt wurde. Er ist nicht hier, er ist auferstanden, so wie er es selbst vorausgesagt hat. Kommt her und seht die Stelle, wo er gelegen hat. Und jetzt geht schnell zu seinen Jüngern und sagt ihnen: ‚Gott hat ihn vom Tod erweckt! Er geht euch voraus nach Galiläa, dort werdet ihr ihn sehen.' Denkt daran, was ich euch sagte."
Erschrocken und doch voller Freude liefen die Frauen vom Grab weg. Sie eilten zu den Jüngern, um ihnen alles zu erzählen. Plötzlich stand Jesus vor ihnen und grüßte sie: „Friede sei mit euch!" Die Frauen fielen vor ihm nieder und umfaßten seine Füße. „Fürchtet euch nicht!" sagte Jesus zu ihnen. „Geht und sagt meinen Brüdern, sie sollen nach Galiläa gehen. Dort werden sie mich sehen."
Während die Frauen ihren Weg gingen, liefen einige Soldaten, die das Grab bewacht hatten, zurück in die Stadt und

meldeten den Priestern alles, was geschehen war. Diese trafen sich mit den Ratsältesten und überlegten, was sie nun tun sollten. Sie bestachen die Soldaten mit viel Geld und trugen ihnen auf: „Erzählt allen: ‚In der Nacht, während wir schliefen, kamen seine Anhänger und haben den Toten gestohlen.‘ Und wenn der Gouverneur davon erfahren sollte, werden wir mit ihm sprechen, so daß ihr nichts zu befürchten habt!" Die Wachsoldaten nahmen das Geld und taten, wie man sie angewiesen hatte. Bis auf den heutigen Tag ist das der Bericht, der unter den Juden verbreitet wird.

Auf dem Wege nach Emmaus

Lukas 24, 13—35:
Am selben Tag gingen zwei der Jünger nach Emmaus, einem Dorf, das etwa zehn Kilometer von Jerusalem entfernt war. Und sie sprachen miteinander über alles, was sich zugetragen hatte. Als sie so miteinander sprachen und alles hin und her überlegten, kam Jesus dazu und ging mit ihnen. Sie sahen ihn zwar, erkannten ihn aber nicht. Jesus sagte zu ihnen: „Worüber unterhaltet ihr euch so eifrig auf eurem Weg?" Da blieben sie traurig stehen. Einer von ihnen, Kleopas, fragte ihn: „Du bist wohl der einzige in Jerusalem, der nicht weiß, was dort in den letzten Tagen geschehen ist?" „Was denn?" fragte Jesus. „Das mit Jesus von Nazareth", sagten sie. „Er war ein Prophet; in Worten und Taten hat er vor Gott und dem ganzen Volk seine Macht erwiesen. Unsere führenden Priester und die Ratsmitglieder haben ihn zum Tod verurteilt und ans Kreuz nageln lassen. Und wir hatten doch gehofft, er werde der Mann sein, der Israel befreit! Heute ist übrigens der dritte Tag, seitdem das geschehen ist. Und jetzt haben uns einige Frauen, die zu unserer Gruppe gehören, in Erstaunen versetzt. Sie gingen heute früh zu seinem Grab, konnten aber seinen Leichnam nicht finden. Sie kehrten zurück und erklärten uns, sie hätten Engel gesehen, die ihnen gesagt hätten,

daß er lebt. Daraufhin gingen einige von uns zum Grab und fanden alles so, wie es die Frauen erzählt hatten. Aber ihn sahen sie nicht."

Da sagte Jesus zu ihnen: „Was seid ihr doch blind! Wie schwer tut ihr euch zu glauben, was die Propheten gelehrt haben! Der Messias mußte doch erst dies alles erleiden, um zu seiner Herrlichkeit zu gelangen!" Und Jesus erklärte ihnen, was über ihn in allen Heiligen Schriften berichtet wurde, beginnend mit den Büchern Moses' und den Schriften der Propheten.

Mittlerweile waren sie in die Nähe von Emmaus gekommen. Jesus tat so, als wollte er weitergehen. Aber sie hielten ihn zurück und baten: „Bleib doch bei uns! Der Tag ist fast vorüber, und es wird gleich dunkel." Da folgte er ihrer Einladung und blieb bei ihnen. Er setzte sich mit ihnen zu Tisch, nahm das Brot, dankte Gott dafür, dann brach er es in Stücke und gab es ihnen. Da gingen ihnen die Augen auf, und sie erkannten ihn; doch er entschwand ihren Blicken. Sie sagten zueinander: „Brannte es nicht wie ein Feuer in uns, als er unterwegs mit uns sprach und uns die heiligen Schriften erklärte?" Sie machten sich sofort auf den Rückweg nach Jerusalem. Dort waren die elf Jünger und die übrigen Anhänger Jesu alle versammelt und riefen den Ankommenden zu: „Der Herr ist wirklich auferstanden! Simon hat ihn gesehen!" Dann erzählten ihnen die beiden das, was sie unterwegs erlebt hatten und wie sie den Herrn erkannt hatten, als er ihnen das Brot brach.

Jesus erscheint den Jüngern

Lukas 24, 36—49:
Während die beiden noch erzählten, stand plötzlich der Herr selbst mitten unter ihnen. Er grüßte sie: „Friede sei mit euch!" Sie erschraken sehr, denn sie meinten, einen Geist zu sehen. Aber er sagte: „Warum seid ihr so erschrocken? Warum kom-

men euch solche Zweifel? Schaut mich doch an, meine Hände, meine Füße; dann erkennt ihr, daß ich es wirklich bin. Faßt mich an und überzeugt euch; ein Geist hat doch nicht Fleisch und Knochen. Während er das sagte, zeigte er ihnen seine Hände und Füße. Aber sie konnten es noch nicht glauben, so voller Freude und Verwunderung waren sie. Deshalb fragte er sie: „Habt ihr etwas zu essen da?" Sie gaben ihm ein Stück gekochten Fisch, und er nahm es und aß es vor ihren Augen.
Dann sprach er zu ihnen: „Als ich noch bei euch war, habe ich euch oft gesagt: ‚Alles, was im Gesetz des Mose, in den Schriften der Propheten und in den Psalmen über mich geschrieben steht, muß in Erfüllung gehen.'" Dann half er ihnen, die heiligen Schriften richtig zu verstehen und erklärte ihnen: „Hier steht es geschrieben: Der Messias muß leiden und am dritten Tag vom Tod auferstehen. In seinem Namen muß die Botschaft von der Buße und Sündenvergebung, von Jerusalem ausgehend, allen Völkern gepredigt werden. Ihr seid Zeugen dieser Ereignisse. Ich aber werde den Geist, den mein Vater euch versprochen hat, zu euch senden. Wartet hier in der Stadt, bis ihr mit der Kraft von oben gestärkt werdet."

In Galiläa

Johannes 21, 1—13:
Später zeigte sich Jesus seinen Jüngern noch einmal am See Tiberias. Das geschah so: Simon Petrus, Thomas, auch Zwilling genannt, Nathanael aus Kana in Galiläa, die Söhne des Zebedäus und zwei andere Jünger Jesu waren beisammen. Simon Petrus sagte zu den anderen: „Ich gehe jetzt fischen!" „Wir kommen mit!", riefen ihm die anderen zu. Sie gingen hinaus und stiegen ins Boot; aber während der ganzen Nacht fingen sie keinen einzigen Fisch.
Als die Sonne aufging, stand Jesus am Ufer, aber die Jünger wußten nicht, daß es Jesus war. Er sprach zu ihnen: „Leute,

habt ihr gar nichts gefangen?" „Nicht einen Fisch!" antworteten sie. Er riet ihnen: „Werft euer Netz an der rechten Bootsseite aus! Dann werdet ihr Fische fangen." Sie warfen das Netz aus und fingen so viele Fische, daß sie das Netz nicht ins Boot ziehen konnten. Der Jünger, den Jesus liebte, sagte zu Petrus: „Es ist der Herr!" Als Petrus das hörte, zog er sein Obergewand an und sprang ins Wasser. Er hatte nämlich zuvor zum Arbeiten sein Obergewand ausgezogen.
Die anderen Jünger ruderten das Boot an Land und zogen das Netz mit den Fischen hinter sich her. Sie waren nicht weit vom Ufer entfernt, etwa hundert Meter. Als sie an Land gingen, sahen sie ein Holzkohlenfeuer mit Fischen darauf und auch Brot lag dabei. Jesus sagte zu ihnen: „Bringt einige von den Fischen, die ihr eben gefangen habt!" Simon Petrus stieg ins Boot und zog das Netz ans Land. Es war voll von großen Fischen, hundertdreiundfünfzig im ganzen. Und obwohl es so viele waren, riß das Netz nicht. Jesus sprach zu ihnen: Kommt her und eßt!" Keiner der Jünger wagte zu fragen: „Wer bist du?" Sie wußten, daß es der Herr war. Jesus trat zu ihnen, nahm das Brot und gab es ihnen; dasselbe tat er mit den Fischen.

Die Himmelfahrt

Apostelgeschichte 1, 2—11:
Ehe Jesus in den Himmel aufgenommen wurde, gab er durch die Kraft des heiligen Geistes denen, die er sich als Apostel gewählt hatte, genaue Anweisungen. Nach seinem Tod hatte er sich ihnen während vierzig Tagen wiederholt gezeigt und ihnen dadurch eindeutig bewiesen, daß er lebte. Sie sahen ihn, und er sprach mit ihnen über das Reich Gottes. Und als sie wieder einmal zusammenkamen, gab er ihnen folgende Anweisung: „Verlaßt Jerusalem nicht, sondern wartet auf die Gabe, die euch mein Vater versprochen hat und die ich euch angekündigt habe. Johannes hat mit Wasser getauft, aber in

wenigen Tagen werdet ihr mit dem Heiligen Geist getauft werden."
Als die Apostel mit Jesus zusammenkamen, fragten sie ihn: „Herr, wirst du jetzt das Reich Israel wiederherstellen?" Jesus entgegnete ihnen: „Die Zeiten und Gelegenheiten hat mein Vater kraft seiner eigenen Autorität festgesetzt, und er will nicht, daß ihr wißt, wann das sein wird. Aber ihr werdet vom Heiligen Geist erfüllt werden und werdet meine Zeugen sein in Jerusalem, in ganz Judäa und Samaria und bis in den letzten Winkel der Erde." Während er das sagte, wurde er vor ihren Augen emporgehoben. Eine Wolke nahm ihn auf, so daß sie ihn nicht mehr sehen konnten.
Als sie noch nach oben starrten, standen plötzlich zwei weißgekleidete Männer neben ihnen. „Ihr Galiläer", sagten sie, „warum steht ihr hier und schaut nach oben? Dieser Jesus, der von euch weg in den Himmel aufgenommen wurde, wird auf dieselbe Weise wiederkommen, wie ihr ihn habt weggehen sehen."

3. Die Auffassung des Islams

Im vorstehenden Abschnitt haben wir einen ausführlichen Bericht über die letzten Tage im Leben des Messias gegeben; er wurde den Erzählungen der Heiligen Schrift entnommen, die sich speziell mit ihm befassen.
Der Koran, knapp 600 Jahre später Mohammed offenbart, macht den Anspruch geltend, die bisherigen Offenbarungen zu bestätigen, und er nimmt daher auf die obige Geschichte wie auch auf andere Erzählungen in den biblischen Schriften Bezug. Wendet man sich späteren islamischen Erläuterungen zum Bericht von der Kreuzigung Jesu zu, so erkennt man bald, daß die Kommentare so gut wie immer die Geschichte vom Tod am Kreuz bestreiten. Die gängige Auffassung der Moslems geht damit darauf zurück, daß sie sich nur an eine

der verschiedenen Auslegungen der Korantexte halten. Unternehmen wir daher eine vorurteilslose Untersuchung der Texte selber.

Die Texte des Korans

Wie moslemische Leser sehr wohl wissen, gibt es vier Stellen im Koran, die sich ganz unmittelbar auf die Endphase im Leben des Messias beziehen[5]. Die erste ist in der Sure „Maryam" gegeben; sie beschreibt die jungfräuliche Geburt von Jesus bzw. von „Isa". An dieser Stelle spricht Jesus nach seiner wunderbaren Geburt zur Volksmenge: „Heil sei über mir am Tage, da ich geboren wurde, am Tag, da ich sterbe, und am Tag, da ich (wieder) zum Leben auferweckt werde!" (19, 33). An und für sich könnte dieser Vers so aufgefaßt werden, als sage er nur, Jesus, der Messias, sei eines natürlichen Todes gestorben und werde am Jüngsten Tage wieder zum Leben erwachen. Diese Interpretation findet eine Stütze in der parallelen Erzählung von Johannes dem Täufer, die in derselben Sure steht. Hier werden genau dieselben Worte über Johannes gebraucht, die Jesus später über sich selbst sagt. (Im Arabischen ist die große Ähnlichkeit der Ausdrucksweise sehr auffällig.) „Heil sei über ihm am Tag, da er geboren wurde, am Tag, da er stirbt, und am Tag, da er (wieder) zum Leben auferweckt wird!" (19, 15).

Diese Sure ist jedoch eine aus Mekka und ist deshalb nach den moslemischen Auslegungsregeln im Licht jener Suren zu interpretieren, die einer späteren Periode in Mohammeds Prophetentätigkeit angehören.

In zwei Versen wird das Tätigkeitswort „tawaffa" mit Bezug auf das Ende der Lebenszeit des Messias auf Erden verwendet, nämlich in „âl Imrân (3, 55) und in „al Maïda" (5, 117).

Im ersten lesen wir: „Und sie (die Kinder Israel) schmiedeten Ränke. Aber (auch) Gott schmiedete Ränke. Er kann es am besten. (Damals) als Gott sagte: Jesus! Ich werde dich (nunmehr) abberufen und zu mir (in den Himmel) erheben und rein machen, so daß du den Ungläubigen entrückt bist. Und ich werde bewirken, daß diejenigen, die dir folgen, den Ungläubigen bis zum Tage der Auferstehung überlegen sind. Dann (aber) werdet ihr (alle) zu mir zurückkehren. Und ich werde zwischen euch entscheiden über das, worüber ihr (im Erdenleben) uneins ward."

Im zweiten lesen wir, daß Jesus zu Gott sagte: „Ich habe ihnen nur gesagt, was du mir befohlen hast (nämlich): „Dienet Gott, meinem und eurem Herrn! Und ich war Zeuge über sie, solange ich unter ihnen weilte. Nachdem du mich abberufen hattest, warst du es, der auf sie aufpaßte. Du bist über alles Zeuge."

Diese beiden Verse beziehen sich auf Jesu Rückkehr zu Gott am Ende seines Lebens. Die nächstliegende Auslegung geht dahin, daß man annehmen darf: Sie beziehen sich auf den natürlichen Tod von Jesus am Ende seines Erdenlebens. „Tawaffa" wird im Koran häufig benutzt im Sinne von: eine Seele beim Tode zu Gott bringen, sowohl, wenn das Subjekt Gott ist (z. B. 3, 193; 10, 46), als auch, wenn das Subjekt die Engel sind (z. B. 16, 28. 32). Das Wort „tawaffa" wurde jedoch ursprünglich von einer Person angewendet, welche die volle Bezahlung erhält für das, was man ihr schuldet, oder hinsichtlich ihrer Ansprüche. Wenn der Ausdruck im Koran von Gott gebraucht wird, dann bezieht er sich auf Menschen, die aufgefordert werden, ihre Schulden in seiner Gegenwart zu tilgen, entweder beim Tod oder im Schlaf, wenn die Seele zu Gott, aber für eine weitere Lebenszeit auf der Erde in den Körper zurückkehrt.

Diese beiden Verwendungsarten des Verbs finden wir in zwei weiteren Versen in der Sure „al-An^{c}âm" (6, 60—61), die sich wie folgt übersetzen läßt: „Und er ist es, der euch bei Nacht (wenn ihr schlaft, zeitweise) abberuft (yatawaffâkum) und weiß, was ihr bei Tag (an Handlungen) begangen habt. Hierauf erweckt er euch an ihm d. h. am Tag), damit eine bestimmte Frist (für euer Leben) zu Ende geführt werde. Hierauf werdet ihr (sterben und) zu Gott zurückkehren. Und dann wird er euch Kunde geben über das, was ihr (in eurem Erdenleben) getan habt. Er ist es, der über seine Diener Gewalt hat. Und er entsendet Hüter (Engel) über euch (die alle eure Taten verzeichnen). Wenn dann schließlich der Tod zu einem von euch kommt, berufen ihn unsere Gesandten ab. Und sie übersehen nichts."

Das Wort „tawaffa" findet auch Anwendung in diesen beiden Bedeutungen in einem Vers in der Sure „al-Zumar" (39,42).

So ist also der Gebrauch des Ausdrucks „tawaffa" in den beiden Textstellen mit Bezug auf den Messias doppeldeutig. Seine genaue Bedeutung muß durch Nachsinnen über andere Verse im Koran bestimmt werden. Der Sinn könnte sein, daß Jesus eines natürlichen Todes starb; aber ebensogut kann gemeint sein: Er wurde in den Himmel aufgenommen, ohne das Erlebnis des physischen Todes haben durchmachen zu müssen.

Wegen der möglichen Doppelsinnigkeit der Auslegung der soeben erwähnten Verse ist die vierte Koranstelle „al-Nisâ" (4,155—162) für die Moslems von großer Bedeutung bei der Festlegung dessen geworden, was sich am Ende von Jesu Erdenleben zugetragen hat. Dieser Passus hat nachstehenden Wortlaut:

„Und weil sie ihre Verpflichtung brachen und nicht an die Zeichen Gottes glaubten und unberechtigterweise die Propheten töteten und sagten: ‚Unser Herz ist unbeschnitten' — aber nein, Gott hat es ihnen (zur Strafe) für ihren Unglauben versiegelt, weshalb sie nur wenig glauben —, und weil sie ungläubig waren und gegen Maria eine gewaltige Verleumdung vorbrachten, und weil sie sagten: Wir haben Christus Jesus, den Sohn der Maria und Gesandten Gottes, getötet. Aber sie haben ihn nicht getötet und (auch) nicht gekreuzigt. Vielmehr erschien ihnen (ein anderer) ähnlich (so daß sie ihn mit Jesus verwechselten und töteten). Und diejenigen, die über ihn uneins sind, sind im Zweifel über ihn. Sie haben kein Wissen über ihn, gehen vielmehr Vermutungen nach. Und sie haben ihn nicht mit Gewißheit getötet. Nein, Gott hat ihn zu sich (in den Himmel) erhoben. Gott ist mächtig und weise. Und es gibt keinen von den Leuten der Schrift, der nicht (noch) vor seinem Tode (der erst am Ende der Tage eintreten wird) an ihn glauben würde. Und am Tage der Auferstehung wird er über sie Zeuge sein. — (Wegen all dieser Vergehen) und weil von seiten derer, die dem Judentum angehören, gefrevelt wurde, haben wir ihnen gute Dinge geboten, die ihnen (an sich) erlaubt waren, und (deswegen) weil sie viele vom Wege Gottes abhielten und weil sie Zins nahmen, wo es ihnen doch verboten war, und die Leute in betrügerischer Weise um ihr Vermögen brachten. Für die Ungläubigen von ihnen haben wir (im Jenseits) eine schmerzhafte Strafe bereit. Aber denen von ihnen, die ein gründliches Wissen haben, und den Gläubigen, die an das glauben, was (als Offenbarung) zu dir, und was (zu den Gottesmännern) vor dir herabgesandt worden ist, und denjenigen, die das Gebet verrichten und die Almosensteuer geben und an Gott und den jüngsten Tag glauben, denen (allen) werden wir (im Jenseits) gewaltigen Lohn geben."

Diese Verse entstammen der Absicht, die Juden zu tadeln, namentlich die jüdischen Zeitgenossen Mohammeds in Medina, wegen verschiedener Akte des Unglaubens; sie erwähnen die Kreuzigung von Jesus nur so nebenbei. Im Kontext dieses Angriffs gegen die Juden wegen ihres Widerstandes gegen Mohammed sowie wegen sonstiger Akte der Ungläubigkeit bedeutet die Bezugnahme auf die Kreuzigung nicht mehr als die Bestreitung des Anspruches, den die Juden erhoffen: sie hätten sich des Messias der Christen und dessen Anspruch, ein Apostel Gottes zu sein, dadurch entledigt, daß sie ihn am Kreuz hinrichteten.

Insbesondere bedeuten die Worte: „Sie töteten ihn nicht, und ebensowenig kreuzigten sie ihn" nicht zwangsläufig, daß gar keine Kreuzigung stattgefunden habe, sondern: selbst wenn die Kreuzigung wirklich stattfand, dann war es Gott, welcher die Verantwortung für all das trug, was sich in den letzten Lebensstunden des Messias abspielte, und daß die Juden, was sie auch getan haben mögen, dies einzig und allein mit Gottes ausdrücklichem Willen ausführten. Eine ähnliche Rede begegnet uns an einer anderen Stelle, wo die Handlungen der Moslems in der Schlacht von Badr Gott selbst und nicht ihrem eigenen Wollen zugeschrieben werden. Sie haben zwar gekämpft und getötet, aber nur mit Gottes Genehmigung und unter Gottes Führung.

Die genannten Verse bestreiten nach alledem nicht ausdrücklich den christlichen Bericht von der Hinrichtung am Kreuz; denn sie beziehen sich ja in der Hauptsache auf die Ansprüche der Juden gegen die Christen. Gleichzeitig allerdings werfen sie Probleme auf, die das tatsächlich Vorgefallene zum Inhalt haben.

Aus diesem Grunde ist es wichtig, ihre Feststellungen näher ins Auge zu fassen. Vieles von der hier bestehenden Unsicherheit geht zurück auf den Ausdruck „shubbiha lahum" (es wurde eine Ähnlichkeit für sie gemacht). Dieser Ausdruck kann sich auf Jesus selbst beziehen. In diesem Fall wäre er zu übersetzen mit: „Er wurde so gemacht, daß er für sie (die Juden) wie Jesus aussah." Das würde darauf hinauslaufen, daß ein ganz anderer so zurechtgemacht wurde, daß er Jesus ähnelte, und dann von den Juden gekreuzigt wurde, wogegen Jesus von Gott in den Himmel emporgehoben wurde, ohne daß er überhaupt den Tod erlitten hätte. Das ist der beliebteste Kommentar der arabischen Gelehrten, wie beispielsweise der Gelehrten al-Tabari, al-Baydawi und al-Jalalayn.

Es werden allerhand Mutmaßungen über die Identität des anstelle von Jesus Hingerichteten angestellt. Einige Überlieferungen wollen ihn als einen der Apostel identifizieren, entweder einen, der sich freiwillig aufopferte, um dadurch ins

Paradies einzugehen, oder Judas Ischariot oder auch einen dreizehnten Anhänger von Jesus, dessen Existenz von den Christen geleugnet worden sei; wogegen andere sagen, es sei ein Jude oder jemand gewesen, der zufällig im Hause war. Der Ausdruck „shubbiha lahum“ kann sich indessen sehr wohl auf den Akt der Kreuzigung beziehen. In diesem Fall wäre er zu übersetzen mit: „Es wurde alles so arrangiert, daß es für sie (die Juden) wie eine Kreuzigung aussah.“ Das hätte also den Sinn: Jesus kam tatsächlich zur Hinrichtung am Kreuz, aber während die Juden sich einbildeten, sie kreuzigten ihn und würden ihn so los, wurde er in Wirklichkeit von Gott in den Himmel genommen. Diese Interpretation wird z. B. nicht erwähnt bei al-Jalalayn und genießt keinerlei Vorrang in den Kommentaren der Muslime; aber al-Baydawi erwähnt doch die Ansicht jener, die sagen, es sei niemand ans Kreuz geschlagen worden. Letztere Auslegung findet ihre Stütze in der Tatsache, daß sich die Kommentare häufig an die zweite Hälfte des Verses klammern, die sich auf die Meinungen der Juden bezieht, die nicht sicher waren, was mit Jesus bei der Kreuzigung geschehen war, jedoch sich nicht auf die Überzeugungen der Christen hinsichtlich der Person Jesu berufen.

Diese Art der Auslegung findet auch eine Stütze in den Traditionen, die im Zusammenhang mit Vers 3, 55 (wie oben erwähnt) erzählt werden. „O Jesus, ich rufe dich herein, deine Rechnung zu bezahlen, und ich hebe dich zu mir empor.“ Im Laufe der Diskussionen über den Sinn von „mutawaffika“ sowie der Überlieferungen, wonach sich der Ausdruck auf den körperlichen Tod von Jesus beziehe, erwähnt al-Tabari eine Tradition, die besagt: „Gott rief Jesus herein, um seine Rechnung für drei Stunden am Tag zu begleichen, bis er ihn zu sich selber erhob.“ Al-Baydawi liefert uns auch eine mögliche Interpretation von „mutawaffika“. Es sei eine, die bei Christen Anklang finde: „Gott veranlaßte Jesus, für sieben Stunden zu sterben (amatahu); dann jedoch erhob er ihn zu sich in den Himmel empor." Diese Auslegung des Ausdrucks „shubbiha lahum" gewinnt heute unter modernen Islam-Gelehrten viel Anklang. Das zeigt sich auch in nachstehender Bemerkung in „The City of Wrong" („Die Stadt des Unrechts") von Dr. Muhammad Kamel Hussein (engl. Ausgabe, S. 222): „Die Idee einer Unterschiebung für Jesus ist eine ganz rohe Art, den Text des Korans zu interpretieren. Es war der breiten Masse eine Menge zu erklären. Heutzutage glaubt jedoch kein gebildeter Moslem mehr daran. Der Text läuft darauf hinaus, daß die Juden zwar dachten, sie töteten Jesus; in Wirklichkeit aber nahm Gott ihn zu sich, in einer Art und Weise, die wir unerklärt lassen dürfen, wie mancherlei Mysterien, die wir allein auf Grund unseres Glaubens für erwiesen halten."

Nach alledem lassen sich die in Frage gestellten Koranverse auf zwei ganz verschiedene Arten auslegen:

„Sie (die Juden) behaupten: Wir brachten den Messias, den Sohn Marias und Apostel Gottes, um. Sie töteten ihn jedoch nicht und kreuzigten ihn auch nicht; sondern es wurde ein ihm Ähnlicher genommen. Also: Sie richteten ihn tatsächlich nicht hin; vielmehr hat Gott ihn zu sich emporgehoben. Gott ist machtvoll und weise." In diesem Fall bedeutet der Vers: Jesus wurde von Gott vor der Hinrichtung am Kreuz bewahrt und in den Himmel emporgezogen, während ein anderer an seiner Statt gekreuzigt wurde.

Aber diese Textstelle läßt sich auch wie folgt auffassen: „Sie (die Juden) sagen: ‚Wir brachten den Messias, den Sohn Marias und Apostel Gottes um.' Sie töteten ihn nicht, und ebensowenig kreuzigten sie ihn. Es wurde ihnen nur vorgemacht, als werde er am Kreuz hingerichtet . . . Sie haben ihn ganz gewiß nicht getötet. Vielmehr hat Gott ihn zu sich genommen; Gott ist voll Macht und Weisheit." Im letzteren Fall besagt der Vers: Jesus wurde gekreuzigt. Aber das geschah in Übereinstimmung mit dem Willen Gottes, der ihn in den Himmel aufnahm. Was mit ihm wirklich am Kreuz geschah, wird nicht deutlich gesagt, und ebensowenig wird klar, ob er in den Himmel kam, ohne zu sterben, oder ob er vorher den Tod erlitt.

Was nun auch die exakte Bedeutung dieses speziellen Verses sein mag: der Nachdruck der koranischen Feststellung liegt auf dem Glauben, Gott in seiner souveränen Macht erlöste (errettete, befreite) Jesus von den Verschwörungen der Juden und erhob ihn in sein Himmelreich. Faßt man die Textstellen als bare Münze auf, dann rufen sie keine Konflikte hervor in bezug auf die Tatsachen der Erzählung, wie sie in den christlichen Schriften dargestellt werden. Der Koran bestreitet nicht ausdrücklich, daß der Messias am Kreuze starb, und seine Hauptabsicht ist es, klarzumachen, daß Gott über die Verschwörung der Juden triumphierte, die Jesus und seine neue Lehre vernichten wollten, indem sie es auf seinen Tod durch die römische Besatzungsmacht abgesehen hatten. Das aber mißlang ihnen; denn Gott ließ nicht zu, daß sein ergebener Diener durch ihre Hand starb. Statt dessen demonstrierte er seine Herrschergewalt, indem er Jesus zu sich in den Himmel nahm.

Gleichwohl bleibt es dabei: Die auf der Hand liegenden Doppelsinnigkeiten der koranischen Bezugnahme auf Jesu Tod (zusammen mit dem im Koran zum Ausdruck gelangenden Glauben betreffs der Propheten und ihrer Rechtfertigung) hat zu Schwierigkeiten der Auslegung für die moslemischen Kommentatoren geführt. Die meisten von ihnen neigen zu der Ansicht, Jesus sei gar nicht am Kreuze gestorben, sondern sei in den Himmel aufgenommen worden, ohne den Tod erlitten zu haben. Das ist auch heute der volkstümliche Glaube der Moslems. Er findet seine Stütze in einer Anzahl von Überlieferungen, die besagen, Jesus werde zu unbekannter Zeit zur Erde zurückkehren, um dann eines natürlichen Todes zu sterben. Ein typisches Beispiel für diese Auslegung stellt der Kommentar von al-Jalalayn über den Vers in „al-Nisa“ dar, welcher auf die Nichtanerkennung des Anspruchs der Juden

folgt, den Messias ans Kreuz genagelt zu haben: „Es existiert keiner vom Volk des (Heiligen) Buches (gemeint: kein Christ), der nicht an ihn vor seinem Tode glauben würde; am Tag der Auferstehung wird er (Jesus) Zeuge wider sie sein." „Vor seinem Tode" — das kann sich entweder auf den im vorangegangenen Vers erwähnten Jesus beziehen oder aber auf Christen, die in dem vorangegangenen Satz erwähnt wurden. Der Kommentar lautet da so: „‚Vor seinem Tod', das bedeutet: entweder vor dem Tod des Christen, wenn er sich den Todesengeln gegenübersieht und sein Glaube ihm nichts nützt; oder aber: vor dem Tode von Jesus, wenn die Stunde (des letzten Gerichtes) da ist, so wie das in den Überlieferungen dargestellt wird."
Zahlreiche Moslems akzeptieren diesen Glauben an eine noch in der Zukunft liegende Rückkehr und den natürlichen Tod von Jesus als orthodoxe Lehre, weil das traditionsgemäß ist. Aber man muß darauf hinweisen, daß das keineswegs ausdrücklich im Koran gesagt wird. Letzterer behauptet nicht mehr und nicht weniger, als daß Jesus tatsächlich zu Gott zurückkehrte in einer Art und Weise, die Gott zur Verherrlichung gereichte, dagegen die Absichten und Ränke der Juden zunichte machte.

Die Propheten und ihre Rechtfertigung

In der koranischen Version war der Versuch, Jesus zu kreuzigen, nichts anderes als böse Absicht der Juden, die wähnten, dadurch den Predigten des Messias unter ihnen ein Ende setzen zu können. Die Juden machten auf diese Art und Weise den Versuch, das zu tun, was bereits Widersacher anderer Propheten getan hatten. Als aber Gott Jesus ihren verschwörerischen Vorsätzen entriß, handelte er genauso wie früher, um seine Boten zu rechtfertigen. So bestehen enge Parallelen zwischen dem Bericht über Jesus, wie er im Korantext wiedergegeben wird, und anderen koranischen Prophetengeschichten.

Als Beispiel dieser Ähnlichkeit soll hier eine Episode aus der Abrahamgeschichte Erwähnung finden, so wie sie in der zur mekkanischen Periode gehörenden Sure „al-Anbiya" (21, 52 bis 71) erzählt wird. Als allgemeine Ähnlichkeit mit dem Bericht über Jesus bemerken wir, daß Abraham nach dem Koran aus dem Feuer errettet wurde, so wie Jesus vor dem Kreuzestod bewahrt wurde (vor oder nach seinem physischen Tod), und daß die Angriffe von Abrahams Feinden als „Ränke" bzw. „Verschwörungen" und „Tricks" beschrieben werden. Im Fall Abraham kam die Errettung dadurch, daß er nach Palästina gebracht wurde, nicht in den Himmel wie Jesus. „Abraham sagte seinem Vater und seinem Volk: ‚Was sind das für Bilder, denen ihr Ehrfurcht erweist?' Sie entgegneten ihm: ‚Wir sahen schon unsere Väter sie anbeten.' Worauf Abraham sagte: ‚Dann seid eben ihr und eure Väter im Irrtum gewesen!' Sie fragten: ‚Bist du mit der Wahrheit zu uns gekommen, oder treibst du nur Scherz mit uns?' Er erwiderte: ‚Euer Herr ist der Herr der Himmel und der Erde, die er geschaffen hat. Und ich bin einer von denen, die das bezeugen. Bei Gott, ich will eine Verschwörung gegen eure Götzenbilder anzetteln, nachdem ihr euch umgedreht und zurückgezogen habt.' Er zerbrach sie alle in Stücke, mit Ausnahme eines einzigen großen Götterbildes, zu dem sie wahrscheinlich zurückkehren würden. Sie fragten daraufhin: ‚Wer hat unseren Göttern das angetan? Das kann nur ein Übeltäter gewesen sein.' Einige sagten: ‚Wir hörten, wie ein junger Mann namens Abraham so etwas erwähnte.' Daraufhin riefen sie: ‚Bringt ihn vor das Volk! Vielleicht werden die Leute gegen ihn Zeugnis ablegen. Dann fragten sie ihn: ‚Bist du derjenige, der unseren Göttern das angetan hat, Abraham?' Er entgegnete: ‚Im Gegenteil, dieser große Eine hat das getan. Fragt doch die Götter, wenn sie sprechen können.' Sie wandten sich einander zu und beschuldigten sich gegenseitig: ‚Ihr seid die Übeltäter.' Und ganz entrüstet sagten sie zu Abraham: ‚Du weißt genau, daß diese Götter nicht sprechen können.' Er sprach zu ihnen: ‚Betet ihr denn außer dem einen Gott auch noch an, was euch weder irgendwie helfen noch Schaden bringen kann? Schämt euch und Schmach über alles, was ihr außer Gott verehrt.‘ Versteht ihr das denn nicht?‘ Sie aber riefen: ‚Verbrennt ihn und helft euren Göttern, wenn ihr etwas tun wollt!‘ Aber Gott gebot: ‚O Feuer, sei Kälte und biete Abraham Schutz!‘ Sie wollten sich gegen Abraham verschwören, doch Gott machte sie zu jämmerlichen Verlierern. Er befreite Abraham und Lot und brachte sie in das Land, welches der Welt zum Segen gereichen sollte, in welchem er der Welt einen großen Segen bereitet hatte.“

Untersucht man die Erzählungen der Propheten, so wie sie z. B. in der Sure „al-A^{c}raf“ (7,59—93 und 94—137) und in der Sure „Hud“ (11,25—99) berichtet werden, dann macht man die Entdeckung, daß neben den Abweichungen im Detail doch ein allgemeines Schema vorhanden ist, das sich folgendermaßen beschreiben läßt:

1. Der Prophet (Noah, Hud, Sali, Lot, Shu^{c}ayb, Moses) predigt seinem Volk und ruft es auf, Gott allein anzubeten und Götzendienst und Unmoral zu unterlassen.

2. Der Prophet wird von seinem Volk lächerlich gemacht; seine Botschaft wird von der Menge, zumindest jedoch von den Führern und Herrschern, verworfen. Manchmal muß er Gewalt erleiden, so, wie zum Beispiel dem weiblichen Kamel von Thamud die Kniefleсhsen zerschnitten wurden, oder wie Lot mit seiner Familie vom Stadtvolk geschmäht und mit Verjagung bedroht wurde.

3. Der Prophet wird von Gott vor denen, die ihn verhöhnen, gerettet. In einigen Fällen wird die Art der Errettung (Befreiung, Erlösung) nicht genau angegeben; in anderen Fällen besteht sie darin, daß der Prophet von Gott aus einer Situation, in welcher er tiefe Demütigungen erfährt, in Sicherheit und Wohlergehen geführt wird. So wird z. B. Noah mit Hilfe der Arche sicher durch die große Flut geleitet. Abraham wird von Gott nach Palästina, dem Land der Verheißung, gebracht. Lot

wird aus der Stadt herausgeführt, ehe sie zerstört wird; Moses und sein Volk werden in jenes Land geführt, welches Gott gesegnet hat.

4. Gottes Zorn richtet sich im Urteil gegen die, welche die Botschaft des Propheten ablehnen. Sie werden durch eine Katastrophe zugrunde gerichtet, z. B. durch eine riesige Überschwemmung, ein Erdbeben oder Wolkenbrüche.

Dieses Schema läßt sich nun freilich nicht ausnahmslos auf die Erzählungen der Propheten im Koran anwenden. Insbesondere wird gegen die Juden die Anklage erhoben: „Sie töteten die Propheten ohne gerechte Gründe[6]." Dies ist eben das allgemeine Berichtsschema. Auch die im Koran wiedergegebene Erzählung vom Leben des Messias paßt sich diesem Muster an. Jesus predigte den Juden und rief sie auf, Gott allein anzubeten; doch sie verschworen sich gegen ihn und trachteten ihm nach dem Leben. Gott aber errettete ihn vor ihren Ränken, indem er ihn zu sich in den Himmel nahm, so daß in diesem Kampf die Juden die Verlierer waren. Die Himmelfahrt spielt somit in den Erzählungen des Koran dieselbe Rolle wie der Bau der Arche in der Geschichte von Noah, die Führung Abrahams nach Palästina und die Flucht aus Ägypten in der Geschichte von Moses.

Der göttliche Zorn vernichtete die Juden nicht so, wie er es mit den Zeitgenossen von Noah, Thamud oder Pharao getan hatte. Wohl aber macht der Koran klar, daß die Mehrheit der Juden dem Irrtum verfallen war und sich damit das göttliche Mißfallen zugezogen hatte[7].

Die Erfahrung des Propheten Mohammed bestätigt den Moslems, daß diese Interpretation der Himmelfahrt des Messias die einzige ist, die seiner als eines Apostels Gottes würdig ist. Als Mohammed anfangs in Mekka predigte, mußte er viel Verfolgung erdulden. Zahlreiche seiner Anhänger, vor allem Bilâl, erlitten Gewalt und alle möglichen Arten von Schmach von seiten ihrer Verfolger. Ibn Ishâd berichtet z. B.: Als die Menschen begannen, Mohammed nachzufolgen, ging jeder Stamm in Mekka gegen diejenigen seiner Mitglieder vor, die sich zu Mohammed bekannten. Man fing an, diejenigen ins Gefängnis zu werfen und zu verfolgen, die keinen bevorrechtigten Status aufweisen konnten. Sie wurden geschlagen, mußten Hunger und Durst leiden, wurden der Hitze von Mekka ausgesetzt, wenn es ganz besonders heiß war, um sie damit zum Abfall von ihrem Glauben zu bewegen. Einige ließen sich durch diese schlimmen Maßnahmen einschüchtern, andere dagegen wurden von Gott gestärkt und hielten stand. Bilâl wurde in einer Schlucht nahe bei Mekka auf den Rükken geworfen und ihm ein großer Felsbrocken auf die Brust gelegt, um ihn zu veranlassen, dem Islam abzuschwören und die heidnischen Gottheiten anzubeten[8].

Auch Mohammed wurde mehrfach angegriffen und einmal nur durch das Dazwischentreten Abu Bekrs davor bewahrt, von einer Menschengruppe, die im Heiligtum zu Mekka Jagd auf ihn machte, erwürgt zu werden[9]. Wenn die Moslems in Mekka auch einige Männer von Rang und Einfluß wie Abu Bekr und Umar ibn al-Khattâb zu ihren Anhängern zählten, und wenn Mohammed selbst auch von seinem Onkel Abu Tâlib und anderen seiner Sippe geschützt wurde, so war ihre Lage doch niemals gesichert, und der Prophet suchte eine Umgebung für seine Anhänger, die mehr Sicherheit bot und ihnen gestattete, den Islam in voller Freiheit auszubreiten.

622 kam endlich die Gelegenheit für den Propheten und die Moslems in Mekka, nach Medina auszuwandern, einer Stadt, etwa 500 Kilometer weiter im Norden des Landes; dort hatten einige Bewohner den Islam bereits angenommen und sich ausdrücklich als Gefolgsleute Mohammeds bekannt. In Medina wurde Mohammed als Autorität willkommen geheißen. Er sollte zwischen den beiden arabischen Stämmen, die dort ansässig waren, den Aus und den Chasradsch, als Schiedsrichter auftreten. Seine Autorität wurde anfangs sogar von den in der Stadt wohnenden Juden anerkannt. Mohammeds Lage war also in Medina völlig anders als in Mekka.

„Obwohl Mohammed in Mekka für seine Anhänger ein geistlicher Führer war und ihm ihr Gedeihen und Wohlergehen am Herzen lag, war er dennoch nur ein gewöhnlicher Bürger, der keinerlei Autorität und Verantwortung besaß. In Medina dagegen wurde er der Führer einer großen Gemeinschaft, die zu ihm aufblickte, nicht nur als dem Befreier, sondern auch als ihrem Führer in geistlichen und materiellen Dingen. Mit anderen Worten: Er wurde ihr Herr und trug Verantwortung für Gesetz und Ordnung unter ihnen wie für ihre Sicherheit und Schutz vor allen Gefahren[10]."

„Als der Apostel sich in Medina fest etabliert hatte und seine Brüder, die Auswanderer, sich um ihn scharten, und als auch die Belange der Helfer in Ordnung gebracht waren, war der Islam fest gegründet. Das Gebet wurde institutionell (d. h. rituelles Gebet), Almosengeben und Fasten wurden vorgeschrieben, gesetzliche Strafen wurden festgelegt, Gebote und Verbote wurden erlassen, und der Islam wurde so in Medina heimisch[11]."

Während der zehn Jahre seiner Herrschaft in Medina (von 622 bis 632) setzte der Prophet sich als Autorität durch. Er führte den Islam bei den meisten Araberstämmen der Halbinsel ein. Im Jahre 630 trat er an der Spitze seiner Gefolgsleute in Mekka auf, um das Heiligtum von allen Verbindungen mit dem Heidentum zu reinigen. Das waren sehr bemerkenswerte Leistungen, die schließlich zu den großen arabischen Eroberungen und zu den Reichen der Umayyaden und der Abbassiden führten. Doch Mohammed schrieb das alles dem Segen und der Gnade Gottes zu, dessen Apostel er zu sein beanspruchte. Sein Sinn für die Abhängigkeit von Gott findet sehr schönen Ausdruck in der Sure „al-Duha" aus Mekka (93, 3—8):

„Dein Herr hat dich nicht im Stich gelassen und haßt dich auch nicht, und das Letzte wird besser für dich sein als das Erste. Dein Herr wird dir geben, und du wirst zufrieden sein. Fand er dich nicht als Waisenkind und gab dir doch Obdach?

Fand er dich nicht auf der Wanderung und führte dich? Fand er dich nicht arm und hat dich doch reich gemacht?"
Ebenso wurde auch der Erfolg in der Schlacht göttlicher Hilfe zugeschrieben. So heißt es im Koran in der Sure „al-Anfâl" (8, 17) zum ersten Sieg der Moslems bei Badr über die Streitkräfte von Mekka: „Ihr tötetet sie nicht, sondern Gott tötete sie. Nicht ihr wart es, die den Sand warfen, als ihr ihn warft. Nein, Gott warf ihn. Er wollte seinen Gläubigen eine günstige Gelegenheit verschaffen: Gott ist der, welcher alles hört und weiß."
Diese Geschichte von Mohammeds Triumph ist bei allen Moslems bekannt und sehr beliebt. Sie bekräftigt auf dem Wege der Analogie den Glauben, daß Gott in der Krise im Leben des Messias dazwischentrat, um ihn vor den Anschlägen seiner Feinde zu erretten und ihn durch Aufnahme in den Himmel zu rechtfertigen.

Die Absicht des Islams

Die Moslems haben begreiflicherweise die Hinweise des Korans auf den Tod des Messias entsprechend der Einstellung dieses Buches zur Sendung und zu den Handlungen des Propheten interpretiert. Solche Überlegungen haben sie zu der Annahme geführt, der Koran bestreite die Tatsache der Kreuzigung; sie glauben, der Erretter sei von Gott vor den Anschlägen der Juden gerettet worden, ehe er den Tod am Kreuz erlitt.
Dies ist jedoch keineswegs die einzig mögliche Auslegung der Texte im Koran. Man kann sie auch als Bekräftigung der Heiligen Schrift auffassen, wonach Jesus am Kreuz den Tod fand, Gott aber gerade damit die Ränke der Juden zunichte machte und den Erretter im Triumph in den Himmel emporhob. Wenn das aber so ist, dann liegt der Unterschied zwischen den christlichen und den islamischen Berichten über die Kreuzigung gar nicht in der Frage, ob Jesus gekreuzigt wurde oder

nicht, sondern in der, ob Gott seine Weltherrschaft sinnfälliger darin entfaltete, Jesus zur Kreuzigung hinzugeben, oder aber darin, ihn zu sich in den Himmel zu holen. Der Koran hebt einerseits hervor, daß der Messias, obwohl ans Kreuz geschlagen, dennoch von Gott vor den Anschlägen der Juden gerettet und in den Himmel genommen wurde; andererseits betont das Neue Testament, daß Jesus aus eigenem freiem Willen starb, im Gehorsam gegenüber Gott und in hochherziger Liebe zu den Menschen. Christen wie Moslems glauben, daß der Messias in den Himmel aufgenommen wurde. Indessen — die christlichen Schriften besagen, diese Himmelfahrt habe vierzig Tage nach seiner Auferstehung stattgefunden, und sie sei die Folge seines Gehorsams bis in den Tod gewesen. Bei dem Apostel Paulus lesen wir:

Philipper 2, 8—9:
„Er war voll Demut und ging den Pfad des Gehorsams bis in den Tod, den Tod am Kreuz. Aus diesem Grunde erhob ihn Gott auf den höchsten Platz im Himmel und verlieh ihm den Namen, der größer ist als irgendein anderer Name."
Der einseitige Nachdruck im Koran, wie er im Rahmen der islamischen Theologie und Kommentierung entwickelt wurde, entstammt dem ernstlichen Bemühen, die Würde und Herrschermacht Gottes zu betonen und zu verteidigen. Er ist Ausdruck des Glaubens, die Würde eines Meisters werde verletzt, wenn sein Diener entehrt oder wenn sein Bote übel behandelt wird; damit erleide auch die Autorität dessen, der ihn sandte, eine Demütigung. Deshalb ist es für Moslems schwer zu glauben, daß Gott die Schmälerung seiner Würde zugelassen, d. h. den Juden erlaubt habe, den Messias in eigener Initiative anzugreifen, seine Botschaft zu verwerfen und ihn schließlich in schmachvollster Weise ums Leben zu bringen. Ein irdischer König würde niemals erlaubt haben, daß sein Gesandter auf so entehrende Weise behandelt würde; um wieviel weniger kann Gott, der Weltherrscher, so etwas zulassen! „Wenn

Gott dir Leid schickt, dann kann es niemand beseitigen außer Gott. Läßt er dir aber Gutes widerfahren, dann beweist er seine Macht über alles. Er ist der Allmächtige über seine Diener, er ist der Allweise, der Allwissende" (al-An^{c}âm 6, 17 bis 18).

Kein Christ vermag die Einstellung der Moslems zur Erzählung von der Kreuzigung voll zu verstehen, solange er nicht nachzuvollziehen vermag, wie überaus ernst und dringlich es dem Islam ist, die Majestät Gottes ungeschmälert zu erhalten. In einer Frage besteht jedoch Übereinstimmung zwischen den Kreuzigungsberichten des Korans und der Bibel: Beide stimmen in der Bestreitung der Behauptung überein, der Tod des Messias könne auf die Initiative der Juden zurückzuführen sein. „Sie töteten ihn nicht, sie kreuzigten ihn auch nicht", stellt der Koran fest. Damit stimmt die christliche Anschauung überein, wonach der Messias selbst freiwillig in den Kreuzestod ging. „Niemand nimmt mir das Leben", erklärte er, „ich gebe mein Leben aus freiem Willen auf. Ich habe das Recht, es hinzugeben, so wie ich das Recht habe, es zurückzunehmen" (Joh. 10, 18). Als Jesus verhaftet wurde, sagte er, er könne „mehr als zwölf Armeen von Engeln" zu seiner Hilfe herbeirufen, wenn er wolle (Matth. 26, 53). Als er vor dem römischen Gouverneur des Kaisers stand, bekräftigte er seinen Anspruch auf Autorität mit den Worten: „Ihr habt nur deshalb über mich Gewalt, weil sie euch von Gott verliehen wurde" (Joh. 19, 11).

Allerdings — selbst in dieser Übereinstimmung — bleibt ein Kontrast unübersehbar: der nämlich zwischen der Behauptung des Islams, Gott habe Jesus von den Anschlägen der Juden errettet, und dem Glauben der Christen, daß Jesus sich selber dargeboten hat, um den Tod am Kreuz zu erleiden, weil dies für ihn der Wille Gottes war.

TEIL II:

DIE BEDEUTUNG DES KREUZES

Der fundamentale Streitpunkt zwischen Christen und Moslems ist: Welche Art von Herrschermacht übt Gott unter den Menschen aus? Diese Streitfrage tritt uns aufs dringendste bei der Erörterung entgegen, was dem Messias am Ende seines Erdenlebens zustieß, als jüdische Pläne zu seiner Verhaftung geführt hatten. Beweist Gott seine Souveränität dadurch, daß er ihn vor der Kreuzigung durch seine Feinde bewahrte? Oder war, ganz im Gegenteil, die Kreuzigung selber, wie die Christen behaupten, eine Demonstration von Gottes Herrschaft?
Vergegenwärtigen wir uns zunächst, was Jesus und seine Jünger über den Tod des Messias glaubten und lehrten.

4. Die Lehre des Messias

Die Glaubwürdigkeit der Evangelien hängt zum großen Teil von den Ausführungen über die Einstellung des Messias zu seinem Tode ab. Hat der Erlöser erwartet, unter den Händen der Juden zu sterben? Wenn ja: Hielt er einen solchen Tod zu irgendeiner Zeit seines Lebens für unausweichlich? Falls er das tat: Akzeptierte er den Tod willig, oder suchte er sich ihm zu entziehen? Glaubte er, daß es ihm von Gott bestimmt war, auf diese Weise zu sterben? Oder glaubte er das nicht?

Die Todesqual am Kreuz

Es kann kaum Zweifel darüber bestehen, daß Jesus es für schwer hielt, am Kreuz zu sterben, und daß er in gewisser Weise davor zurückschreckte. Am Anfang der letzten Woche vor seiner Verhaftung gestand der Herr ein, daß sein Gemüt tief betrübt sei (Joh. 12, 27). Und die Erzählung von seinem Gebet im Garten Gethsemane zeigt, mit welch innerer Not und unter welchen inneren Kämpfen er sich auf das Kommende vorbereitete. Sogar noch während des letzten Abendessens zusammen mit seinen Kameraden zerriß ihm die Todesangst schier Geist und Herz, als er zu ihnen die Worte sprach, die allen künftigen Generationen Hilfe und Trost werden sollten (Joh. 13, 21).

Wir brauchen nicht den körperlichen Schmerz und die Marter zu betonen, welche die von den Römern übernommene Hinrichtung nach Art der Karthager für einen Menschen war, der an ein Kreuz genagelt wurde. Der ans Holz Geschlagene war den grellen Sonnenstrahlen ausgesetzt, seine Gliedmaßen waren durch die Annagelung verdreht und gestreckt. Der Hingerichtete erlitt in Atemnot manchmal tagelang große Qualen, ehe schließlich der Tod ihm Erlösung brachte. Wenn unser Herr tatsächlich am Kreuz starb, wie die christliche Überlieferung sagt, dann darf man nicht vermuten, er sei all den schrecklichen Martern entgangen; im Gegenteil, in seinem Fall war die Todesnot so groß, daß er eher als erwartet verschied. Als die römischen Soldaten seine Beine brechen wollten, um sein Sterben zu beschleunigen und um noch vor Anbruch des Festtages den Leichnam wegzunehmen, stellten sie fest, daß er bereits tot war (Joh. 19, 31—37). Er hatte nicht nur körperliche Schmerzen erlitten; sondern auch sein Geist und Gemüt waren voll unsagbarer Not und Kummer, wie aus dem Schrei hervorgeht, den er unmittelbar vor dem Sterben ausstieß: „Mein Gott, mein Gott, warum hast du mich verlassen?" (Mark. 15, 34; s. S. 32). Die Christen glauben, dieses Leiden komme daher, daß er die Sünden der Welt auf sich genommen hat.

Die Todesqual, die der Erlöser erlitt, machte einen tiefen Eindruck auf seine Gefährten. Einer von ihnen, Simon Petrus, bezeichnete sich selber in einem Brief als „Zeuge der Qualen des Messias". Er stellte Jesu große Geduld im Leiden als Vorbild für die Christen hin:

1 Petrus 2, 21—23, auch 5, 1:
„Der Messias selbst hat für euch gelitten und hat euch ein Beispiel gegeben, damit ihr in seine Fußstapfen tretet. Er beging keine Sünde. Niemand hörte je eine Lüge von seinen Lippen kommen. Als er verflucht wurde, antwortete er nicht mit einem Fluch. Als er leiden mußte, stieß er keine Drohungen aus, sondern setzte seine Hoffnung auf Gott, den gerechten Richter."
Der Schreiber des Briefes an die Hebräer bezog sich auf das Gebet im Garten von Gethsemane: „Jesus betete und flehte unter Tränen und mit lautem Schreien zu Gott, der ihn vom Tod retten konnte" (Hebr. 5, 7; 13, 20). Doch er betont mit Nachdruck, daß Jesus tatsächlich starb und daß Gott ihn aus dem Tode heraus wieder lebendig werden ließ. Die Heilige Schrift macht klar, daß die Hinrichtung des Erlösers am Kreuz eine wirkliche Kreuzigung war und daß die Qualen und die Agonie Leiden waren, die er wirklich erlitten hat.

Der Knecht Gottes

Die christlichen Schriften erklären: der Herr, der Messias, machte die Pein und Qual seines Sterbens durch, weil er glaubte, dies sei der Wille Gottes. Das war das Thema seines letzten Gebets im Garten von Gethsemane, als er seinen Leidenskelch mit dem Willen seines Vaters identifizierte. Indessen — das war bei ihm keine neue Haltung. Schon ganz früh hatte er gewußt, daß er zum Leiden bestimmt war.
In Galiläa beklagten sich einst die religiösen Führer darüber, daß seine Schüler nicht wie andere fromme Juden fasteten. Da entgegnete er ihnen:

Markus 2, 19—20:
„Erwartet ihr, daß die Gäste bei einer Hochzeitsfeier nicht essen? Natürlich nicht! Solange der Bräutigam bei ihnen ist, werden sie das nicht tun. Aber die Zeit kommt, da der Bräu-

tigam nicht mehr unter ihnen weilt. An diesem Tag werden sie fasten."

Dieser Ausspruch des Herrn Jesus zeigt, daß er schon in diesem Frühstadium seines Dienstes daran dachte, daß er, der Bräutigam-Messias, seinen Gefolgsleuten gewaltsam entrissen werden würde. Etwas später, als seine Jünger ihm zum ersten Mal ihren Glauben an ihn als Messias kundtaten, antwortete der Herr mit der Versicherung, es sei seine Bestimmung, zu leiden. „Der Sohn des Menschen", sagte er, sich dabei auf sich selbst beziehend, „muß viel leiden. Er wird von den Ältesten, den Oberpriestern und Gesetzeslehrern abgelehnt werden. Er wird dem Tode überantwortet werden. Doch nach drei Tagen wird er wieder lebendig werden" (Mark. 8, 31—32). Petrus begann wegen dieser Äußerung mit ihm zu streiten; jedoch der Messias schalt ihn, Petrus sei ihm wie Satan eine Versuchung. Bei anderen Gelegenheiten wiederholte er seine Hinweise auf bevorstehende Leiden: „Ich bin gekommen, die Erde in Brand zu stecken. Und wie sehnlich wünsche ich mir, es brennte schon. Ich habe vorher eine Taufe zu empfangen. Wie tief betrübt bin ich, bis das vorüber sein wird!" (Luk. 12, 49—50).

Trotz alledem ist es für Außenstehende schwer zu begreifen, weshalb Jesus seinen Tod als Teil von Gottes Willen angesehen hat. Um die Gründe hierfür zu verstehen, müssen wir uns mit der Religion des jüdischen Volkes, in der Jesus aufwuchs, näher befassen.

Zunächst: Es war in der Geschichte der Juden schon öfter vorgekommen, daß diejenigen, die Gott in reiner Weise anbeteten und bestrebt waren, sein Gesetz zu halten, dafür Leiden zu erdulden hatten. Tausend Jahre vor Jesus war von David und seinem Sohn Salomo ein großes Reich gegründet worden. Dies spaltete sich aber bald in zwei rivalisierende Teile und nahm an Wohlstand ab, bis schließlich Jerusalem im Jahre 586 v. Chr. von den Babyloniern erobert wurde. Gleichzeitig wurde die reine Gottesverehrung durch üble

Praktiken und Götzendienst verderbt. Weil sogar viele der Könige Götzen anbeteten oder heidnische Zeremonien guthießen, mußten auch viele der Propheten Verfolgung erdulden, als sie den Versuch unternahmen, ihren Zeitgenossen das Wort Gottes zu erklären[12]." Während der Epoche des Persischen Reiches (538—331 v. Chr.) kam es dann einigermaßen zur Wiederherstellung der jüdischen Gemeinschaft in und um Jerusalem. Aber in den Jahrhunderten unmittelbar vor dem Erscheinen des Messias hatten die Juden erneut schwere Bedrückung zu ertragen. Insbesondere jene Juden, die die Reinheit ihres Glaubens aufrechtzuerhalten trachteten und die den heidnischen Einflüssen der Seleukidenkönige, danach denen der römischen Besatzungsmacht und des Herodes zu widerstehen versuchten, wurden Opfer schwerer Drangsale.

Viele der Gesänge, die wir Psalmen nennen und die für den Gebrauch im Tempel zu Jerusalem bestimmt waren, beschreiben das Leid, das für lange Zeit ein Hauptmerkmal im Dasein der frommen Hebräer war. In ihnen vermögen wir etwas von den Leiden im Geiste und ihrem dennoch nicht erschütterten Vertrauen in Gott zu hören. Nachstehende Beispiele veranschaulichen das: „Ich erhebe meine Augen zu Dir, zu Dir, der Du Deine Residenz im Himmel hast; wie die Augen der Sklaven auf die Hand des Herrn blicken, wie die Augen der Magd auf die Hand der Herrin schauen, . . . so sind unsere Augen auf Jahwe, unseren Gott[13], gerichtet, damit er Mitleid mit uns Armen zeige. Sei uns barmherzig, Jahwe, erweise uns Gnade und Mitgefühl! Wir haben wahrlich furchtbar unter Verachtung gelitten und mehr ertragen, als uns eigentlich zugemessen sein sollte an Hohn von seiten der Selbstgewissen und an Verachtung von seiten der Stolzen" (Ps. 123).

„Errette mich, Gott! Mir steht das Wasser schon bis zum Halse! Ich versinke im tiefsten Schlamm, wo der Fuß keinen Halt mehr findet. Ich bin in tiefes Wasser hineingeschritten, und die Wellen schlagen über mir zusammen. Vor lauter Schreien um Hilfe ist meine Kehle heiser geworden, meine Augen schmerzen und halten Ausschau nach meinem Gott. Mich hassen, ohne Gründe, mehr Leute, als ich Haare auf dem Kopf habe. Sie dringen in mich, ich solle ihnen zurückerstatten, was ich niemals wegnahm. Gott, Du weißt, wie töricht ich war; vor dir sind meine Übeltaten nicht verborgen. Aber laß die, welche auf Dich hoffen, nicht meinethalben in Enttäuschung versinken, o Jahwe Zebaoth[14]! Laß alle die, die Dich suchen, nicht meinetwegen schamrot werden, o Gott Israels! Denn um Deinetwillen trage ich Schmach. Mein Antlitz ist voller Schande. Das macht mich zum Fremdling unter meinen Brüdern, zum Ausgestoßenen gegenüber den übrigen Söhnen meiner Mutter. Der Eifer für Dein Haus verzehrt mich. Die Beleidigungen derer, die Dich schmähen, fallen auf mich" (Ps. 69, 1—10).

Gott hatte indessen aus den vielen Leiden der Gottesfürchtigen in Israel Gutes hervorgehen lassen. Die Zerstörung des Königreichs in Jerusalem und die Zerstreuung der Juden in der Verbannung und Gefangenschaft hatten schließlich dazu geführt, die Erkenntnis des Einen Gottes unter den heidnischen Völkern zu verbreiten. Solange sie selber Eroberer waren — unter David und anderen kriegerischen Königen —, hatten die Juden es versäumt, ihre Gotteserkenntnis anderen Völkern mitzuteilen. Als sie aber durch die Verbannung und Niederlage zerstreut und zerbrochen waren, da hatten sie neue Möglichkeiten entdeckt, ihre wahre Religion unter anderen Völkern zu verbreiten. Das Ergebnis war, daß zur Zeit Jesu in vielen der wichtigsten Städte des östlichen Mittelmeerraumes jüdische Synagogen errichtet worden waren. In diesen wurde der Eine Gott ohne Idole angebetet und in einer Art, die von den Opfern und Festlichkeiten in den heidnischen Tempeln ringsum stark abstach. So hatte Gott die Leiden derer, die ihn in Wahrheit anbeteten, dazu benutzt, die Kenntnis von sich selbst auch anderen Nationen zu vermitteln.

Diese Einsichten in Sinn und Zweck des Leidens, die einige der jüdischen Propheten aufgrund der Ereignisse ihrer nationalen Geschichte gewannen, werden klar und deutlich an vier Stellen zum Ausdruck gebracht (im Buch des Jesaja); sie wurden wahrscheinlich in der zweiten Hälfte des sechsten Jahrhunderts v. Chr. nach der Zerstörung von Jerusalem verfaßt oder noch früher. Diese Textstellen beschreiben die Erlebnisse von einem, der als „Diener des Herrn" bezeichnet wird, welcher seinem Volke Heiligung und neues Leben dadurch schenkte, daß er Geduld und Mitgefühl mit ihren Nöten aufbrachte und mit ihnen und für sie litt, und zwar nicht wegen seiner eigenen Missetaten, sondern wegen der ihrigen. Nicht, daß er nur den Juden Heilung brachte, sondern ebensosehr auch anderen Völkern.
Die nachstehenden Verse fassen die Botschaft dieser Gesänge um den Diener Gottes zusammen:

Jesaja 42, 1–7:
„Hier ist mein Diener, den ich erhalte, der eine von mir Auserwählte, an dem sich meine Seele entzückt. Ich habe ihm meinen Geist geschenkt, damit er unter die Völker wahre Gerechtigkeit bringt. Er wird nicht laut und grell hinausschreien und seine Stimme auf den Gassen vernehmen lassen. Er zerbricht nicht das zerquetschte Schilfrohr und löscht auch nicht die schwelende Flamme aus. Wahrhaftig und getreu bringt er echte Gerechtigkeit (in die Welt). Er wird weder schwanken noch zermalmt werden, bis endlich auf dieser Erde wahre Gerechtigkeit eingekehrt sein wird! Denn die Inseln warten (schon lange) auf sein Gesetz. So spricht Gott Jahwe, der die Himmel schuf und ausbreitete, der der Erde und allem, was von ihr kommt, Gestalt verlieh, der seinem Volk den Atem gab und Leben all den Geschöpfen, die sich auf der Erde bewegen.
Ich, Jahwe, habe dich gerufen, der Sache des Rechts zu dienen. Ich habe dich bei der Hand genommen und dich gebildet.

Ich habe dich als Garanten des Bundes mit dem Volke und als Licht unter den Völkern eingesetzt. Um die Augen der Blinden zu öffnen, Gefangene aus den Gefängnissen zu befreien und die, welche im Dunkel leben, aus dem Kerker zu retten."

Jesaja 53, 2—5. 11—12:
„Wie ein junger Baum wuchs er vor unseren Augen auf, wie eine Wurzel in dürrem Erdreich. Ohne Schönheit, ohne Erhabenheit (wir sahen ihn ja). Nichts an ihm konnte unsere Blicke auf ihn lenken. Er war aufs tiefste verachtet und geschmäht unter den Leuten, ein Mann der Nöte und Sorgen und mit vielem Leiden eng vertraut, ein Mann, ganz dazu angetan, daß die Menschen vor ihm die Gesichter (voll Scham und Ekel) verhüllten.
So furchtbar war er verachtet.
Und wir nahmen von ihm gar keine Notiz.
Und doch waren es unsere Leiden und Nöte, die er auf sich nahm. Unsere Sorgen waren es, die er sich auflud. Doch wir hielten ihn für einen von Gott Bestraften und Geschlagenen. Aber er war wegen unserer Schändlichkeiten zerschlagen, wegen unserer Sünden. Auf ihn wurde die Bestrafung abgewälzt, damit wir (die wahren Bösewichte) unsere Ruhe hätten. Durch seine Wunden werden wir geheilt.
Wenn seiner Seele Angst und Marter überstanden ist, soll er das Licht sehen und wieder zufrieden sein. Durch seine Leiden soll mein Diener viele Menschen rechtfertigen, eben indem er deren Schändlichkeiten auf sich nimmt.
Darum will ich ihm ganze Horden tributpflichtig machen. Er soll die Beute mit den Mächtigen teilen (dürfen), weil er sein Leben in den Tod gibt und sich selbst als Sünder behandeln läßt, während er die Schandtaten so vieler auf sich lud und allezeit für die Bösewichte betete."
Womöglich hatte der Verfasser einen früheren Propheten wie etwa Jeremias im Sinn, als er seine Gesänge schrieb. Das wissen wir heute nicht. Aber sicher ist, daß Jesus, der Messias,

diese Heiligen Schriften als Richtschnur in seiner Tätigkeit als Retter ansah und sein Verhalten daran orientierte. Er wurde sich bewußt: Leiden und Tod waren in seinem Volk, eben unter den Juden (wie auch der Koran bezeugt), schon immer die Erfahrung der Propheten gewesen. So kam er zu dem Glauben, dies sei auch seine Bestimmung als Diener Gottes. Weil er der erwählte Messias war, würde sein Leiden und Sterben die Leiden der Propheten vor ihm noch in einzigartiger und endgültiger Weise übersteigen; und er würde der gesamten Menschheit Heilung und Rettung bringen.

Der Neue Bund

Wie die Dichtungen über den Knecht des Herrn zeigen, weshalb Leiden nicht für unvereinbar mit dem Lebenswerk des Messias galt, so weist die Aufgabe, die er zu tun hatte, in die gleiche Richtung. Das Volk der Juden glaubte, es sei nur durch einen Bündnisvertrag, einen „Bund" mit Gott, zur Nation geworden, und zwar um 1200 v. Chr. auf dem Berg Sinai unter der Führung von Moses. „Wir nahmen deinen Vertrag und erhoben den Berg über dir. (Und wir sprachen): ‚Halte fest, was wir dir gegeben haben, und gedenke daran'" (Koran, al-Baqara 2, 63. 83. 93). Aber wegen der Abtrünnigkeit der Volksmasse war man des Glaubens, es werde die Aufgabe des Messias sein, einen neuen Bund zwischen Gott und denen zu errichten, die seine Lehre befolgten. Die Schließung dieses Bündnisvertrages war von einigen Propheten vorhergesagt worden, wie sich z. B. aus nachstehenden Worten des Jeremias (etwa um 600 v. Chr.) herauslesen läßt:

Jeremia 31, 31—34:
Siehe, die Tage kommen — es ist Jahwe, der redet —, da ich einen neuen Bund mit dem Hause Israels schließen werde (und mit dem Hause Juda), doch nicht ein Bündnis, wie das, welches ich mit ihren Vorfahren abschloß an dem Tage, als

ich sie bei der Hand nahm, um sie aus (der Sklaverei in) Ägypten herauszuführen. Sie brachen das Bündnis mit mir. Daher mußte ich ihnen beibringen, wer der Herr und Meister ist. Es ist Jahwe, der spricht. Nein, das ist das Bündnis, das ich mit dem Hause Israel abschließen will — an den Tagen, die kommen werden. Nochmals: Es ist Jahwe, der hier redet. Ich will mein Gesetz tief in ihnen einwurzeln und es in ihre Herzen schreiben. Dann will ich ihr Gott sein, und sie sollen mein Volk sein! Dann wird es nicht mehr nötig sein, daß der Nachbar den Nachbarn und der Bruder den Bruder lehrt: „Lehre Jahwe (er)kennen!" Nein, sie werden mich alle erkennen, der Geringste nicht weniger als der Größte. — Es ist Jahwe, der redet. — Und ich will ihnen ihre Ungerechtigkeiten verzeihen und ihre Sünden vergessen.

Derartige Bündnisverträge wurden immer durch Opfer besiegelt und bestätigt. Dies war ein Verfahren, das die Juden schon vor der Zeit des Moses mit ihren Nachbarn gemein hatten. Ein hochinteressantes Beispiel für solches Opfer, und zwar um ein Abkommen über territoriale Ansprüche zwischen zwei Stämmen Jahrhunderte vor Moses an den Grenzen von Syrien zu besiegeln, finden wir in Genesis 31, 43—54. Derartige Gebräuche sind bei den Stämmen des Mittleren Ostens heute noch etwas ganz Gewöhnliches.
Der am Berg Sinai abgeschlossene Alte Bund wurde so durch Opfer besiegelt:

Exodus 24, 4—8:
Moses legte alle Gebote Jahwes schriftlich nieder, und früh am nächsten Morgen errichtete er einen Altar am Fuße des Berges mit zwölf Säulen wegen der Zwölfzahl der israelischen Stämme. Danach wies er junge Israeliten an, Brandopfer darzubringen und dem Jahwe Ochsen zu opfern als Gemeinschaftsopfer (d. h. Opfer, welche die Gemeinschaft Israel mit Gott feierte). Die Hälfte des Blutes fing Mose auf, tat es in Becken, die andere Hälfte sprengte er auf den Altar. Dann

nahm er das Buch des Bundes und las es dem lauschenden Volk vor. Worauf die Menge rief: „Alles, was Gott Jahwe befohlen hat, wollen wir befolgen; wir wollen gehorchen." Da nahm Moses das Blut und besprengte damit das Volk mit dem Ausruf: „Sehet her, das ist das Blut des Bündnisses, welches Jahwe mit euch geschlossen hat. Es enthält sämtliche Vorschriften!"

In solchen Ausdrücken sprach Jesus von seinem Tode als Opfer, durch das Gott den Neuen Bund mit den Menschen schließen würde, wovon die Propheten im Alten Testament gesprochen hatten. So erklärt es sich, daß er beim letzten Abendmahl mit seinen Gefährten von seinem Blut sprach, das bald schon vergossen werden würde als „das Blut des Bundes". Er forderte dabei seine Anhänger auf, in ein neues Bündnis zwischen Gott und der Gemeinschaft um den Messias einzutreten, und zwar dadurch, daß sie (symbolisch) Brot und Wein mit ihm zusammen nahmen. Der gebrochene Brotlaib sollte seinen gebrochenen Körper und der Becher voll Wein sein Blut, welches vergossen werden würde, versinnbildlichen.

Selbstverständlich war es nicht sein Blut im physischen Sinne, welches geistlichen Wert besessen hätte, vielmehr die Selbsthingabe, mit welcher er sein Leben im Gehorsam zu Gott hingab, wofür sein vergossenes Blut Sinnbild war. Dieser Akt der Selbstaufopferung machte es den Menschen möglich, zu glauben, daß Gott, der den Retter gesandt hatte, ihnen vergeben und sie in ein neues Bündnis aufnehmen wollte. So bedeutete der Tod des Messias die Bürgschaft für den neuen Bund, den er verkündete.

Für uns Menschen des 20. Jahrhunderts ist es schwierig, diesen ganzen Gedankengang um die Opferung zu begreifen; doch die nachstehenden Sätze eines jüdischen Christen, der mit diesen Gebräuchen wohlvertraut war und sie gut verstand, können uns helfen, uns in die Gedanken zu versetzen, die der Herr Jesus über seinen bevorstehenden Tod hatte.

Hebräer 9, 13—15:
Das Blut von Ziegen und Stieren sowie die Asche des verbrannten Kalbes werden auf das Volk gesprengt, das rituell unrein ist; das macht sie rein, indem es die rituelle Unreinheit wegnimmt. Weil dies wahr ist: wieviel mehr wird erreicht durch das Blut des Messias! Durch den ewigen Geist opferte er sich als vollkommenes Opfer für Gott. Sein Blut wird unseren Sinn rein machen von nutzlosen Werken, so daß wir dem lebendigen Gott dienen können. Aus diesem Grund ist der Messias der Eine, der einen neuen Bund zuwege bringt, so daß diejenigen, die von Gott gerufen wurden, die ewigen Segnungen erhalten können, die Gott versprochen hat.

Der Sieg über das Böse

Der Herr, der Messias, glaubte, sein Tod werde ein neues Bündnis zwischen Gott und seinen Jüngern begründen und verbürgen; er werde für die Menschen die Möglichkeit einer neuen Beziehung zu Gott schaffen, voll Vertrauen und Gehorsam. Mehr noch: Er glaubte, durch sein Leben und Sterben gewinne er einen Sieg über Satan und die Mächte des Bösen, was seinen Nachfolgern Freiheit und neues Leben bringen würde.
Von Anfang seiner Tätigkeit an war Jesus in einen Konflikt mit den Mächten des Bösen verwickelt. Wiederholt wurde er versucht, den Pfad zu verlassen, auf den Gott ihn gerufen hatte. Nachdem er den Auftrag erhalten hatte, sein Werk als Retter zu beginnen, begab er sich in die Wüste nahe am Jordan, um zu beten und sich für seine Aufgabe vorzubereiten. Während er da weilte, versuchte Satan, ihm die Methoden des gewöhnlichen irdischen Königtums aufzureden, und drängte ihn, die Macht, die Gott ihm verliehen hatte, für selbstsüchtige Zwecke zu verwenden. Aber der Herr Jesus überwand diese Versuchungen. Er wählte statt dessen den Pfad des Dieners Gottes, um in allen Dingen allein Gottes Ehre zu suchen.

Matthäus 4, 3—10:
Der Teufel kam zu ihm und hielt ihm vor: „Bist du Gottes Sohn, dann befiehl doch, daß sich die Steine hier in Brot verwandeln!" Jesus entgegnete: „Die Heiligen Schriften sagen: Der Mensch kann nicht allein vom Brot leben, sondern von jedem Wort, das Gott spricht." Dann nahm der Teufel Jesus zur Heiligen Stadt mit, stellte ihn auf den höchsten Punkt des Tempels und sprach: „Wenn du Gottes Sohn bist, wirf dich herunter! Denn die Heilige Schrift sagt: Gott wird seinen Engeln Befehl geben. Sie werden dich auf ihren Händen tragen, so daß du nicht einmal deine Füße an den Steinen verletzen wirst." Jesus antwortete: „Aber die Schrift sagt auch: Du sollst den Herrn, deinen Gott, nicht auf die Probe stellen." Danach nahm der Teufel Jesus mit auf einen hohen Berg und zeigte ihm von da aus alle Königreiche der Welt in all ihrer Größe. „All das will ich dir geben", sprach der Teufel, „wenn du vor mir niederkniest und mich anbetest." Jesus aber rief: „Verschwinde, Satan! Die Heilige Schrift sagt: Bete den Herrn, deinen Gott, an und diene ihm allein!"
Markus 8, 33:
Derartige Versuchungen wiederholten sich, und die eigenen Gefolgsleute des Messias ergriffen unbewußt die Partei des Teufels. In einem kritischen Stadium in seiner Laufbahn, als Petrus Jesus zurechtwies, weil er von seinem Tod als Knecht Gottes geredet hatte, sah er sich genötigt zu antworten: „Scher dich weg von mir, Satan! Deine Gedanken sind Menschengedanken, nicht Gottes Gedanken!"
Die Verlockung, die Lehrweise und das Schicksal des Gottesdieners aufzugeben, drang mit vermehrter Gewalt auf den Messias ein, als er dem peinlichen Verhör, der Kreuzigung und Todesqual immer näher kam. Dennoch lehnte er es ab, Engel zu seiner Rettung herbeizurufen, und verblieb auf dem demütigenden und qualvollen Weg, der zum Kreuz führte. Als „Knecht Gottes" hatte er sich dafür entschieden, die Menschen durch Sanftmut, Mitgefühl und Anteilnahme zu ge-

winnen. Er lehnte es ab, andere Mittel zu benutzen, um sie für sich zu gewinnen, selbst wenn es ihm tiefe Schmach erspart und das Leben gerettet hätte. So besiegte er den Satan, und durch diesen seinen Gehorsam bis in den Tod gewann er den entscheidenden Triumph über das Böse in seinem eigenen Leben und Dienst.

Der Messias lehnte aber nicht nur ab, das zu tun, wozu der Teufel ihn verlocken wollte; sondern er griff selbst Satan an, um die zu befreien, die von ihm in Bann gehalten wurden. Während seiner gesamten Tätigkeit sucht Jesus die Menschen von den Mächten des Bösen, die sie an Leib und Seele gepackt hatten, zu befreien. Das wurde aufs deutlichste an den von bösen Geistern Besessenen bewiesen; doch offenbarte sich das auch in der Heilung sonstiger Krankheiten. Als Jesus einst einen Gelähmten heilte, versicherte er ihn vor allem der Vergebung seiner Sünden als Hinweis auf die Ursache seiner Krankheit (Mark. 2, 1—12). Als er eine Frau von ähnlicher Lähmung befreite, erklärte er, sie sei aus „Banden" errettet worden, in denen Satan sie volle achtzehn Jahre gefesselt gehalten hatte (Luk. 13, 10—17). In einer lebendigen Parabel beschrieb er sich selber als einen, der in das Haus eines starken Mannes, d. h. des Teufels, eingebrochen sei, um die Gefangenen zu befreien (Matth. 12, 15—29).

Solche Krankheiten waren die auffallendste Art der Fesselung durch den Satan; doch der Messias wußte, daß die Fesselung sich auch noch auf andere Art und Weise manifestierte und daß alle Menschen so oder so darin verstrickt waren und der Befreiung bedurften. Daher sprach er zu den Juden, die an ihn glaubten:

Johannes 8, 31—34:

„Wenn ihr meiner Lehre gehorcht, seid ihr alle meine wirklichen Schüler. Ihr werdet die Wahrheit wissen. Und die Wahrheit wird euch frei machen." „Wir sind die Nachkommen von Abraham", sagten sie, „und sind nie jemandes Skla-

ven gewesen. Was meinst du also mit den Worten: Ihr werdet frei werden?" Jesus erwiderte: „Ich sage euch die Wahrheit: Jeder, der sündigt, ist Sklave der Sünde!"
Weil alle Menschen ohne Ausnahme sündigen, brauchen sie alle Erlösung, und Jesus kam, um sie ihnen zu bringen.

Er erreichte den endgültigen Triumph in seiner Auferstehung, als er den Tod überwand und sich sieghaft über alle Angriffe des Satans und der Mächte des Bösen erhob. Sein Sieg wurde indessen nicht für ihn allein errungen; er schenkte ihn auch denen, die ihm Gefolgschaft leisteten. Er machte es ihnen möglich, befreit von der Macht des Bösen Gott auf neue Art zu dienen. Das findet seinen Ausdruck in dem Wort „Rückkauf" bzw. „Befreiung" oder „Erlösung" (lateinisch: Redemptio). Dieser Ausdruck stammt aus dem damaligen Brauch, diejenigen zurückzukaufen, die ihre Freiheit eingebüßt hatten, sei es aufgrund von Armut oder weil sie in einer Schlacht Kriegsgefangene geworden waren. Damals konnte der Sklave oder Gefangene für einen Geldbetrag oder im Austausch für sonstige Güter „befreit" oder „zurückgekauft" werden und infolgedessen in den Status eines freien Mannes gelangen. Im jüdischen Gesetz hatte die Praxis der „redemptio" aber auch einen religiösen Sinn: Erstgeborene Kinder wurden von einer allzu kostspieligen Weihe für den Dienst an Gott durch ein Opfer „befreit" (s. 2. Mose 34, 19—20). Wenn der Messias also sagte, er sei gekommen, „sein Leben hinzugeben, um viele loszukaufen bzw. zu retten" (Mark. 10, 45), so heißt das, daß er sie von der Macht des Bösen und des Todes dadurch befreien wollte, daß er selbst die Attakken des Bösen erfuhr und sie ertrug, ohne zu verzagen und sich vom Pfad des Gehorsams gegenüber Gott abbringen zu lassen. Wie ein guter Hirte, dessen Schafe von einem Wolfsrudel angegriffen werden, gab er sein Leben für andere, damit diese leben können (s. Joh. 10, 7—17).

5. Die Predigten der Gefährten

Die göttliche Vergebung

Die Männer, die die Bücher des Neuen Testaments schrieben, bekannten sich zur jüdischen Religion, deren Gesetz (Tawrat) ein kompliziertes System unterschiedlicher Arten von Opfern enthielt. Wenn diese Opfer auch nur im Tempel zu Jerusalem dargebracht werden konnten, so gab es ihrer doch sehr viele, und zwar Opfer von Einzelpersonen wie auch Opfer durch Priester zum Segen der Nation. So war beispielsweise ein Opfer zur Reinigung von rituellen Verstößen gegen das Gesetz vorgeschrieben, ein anderes zur Vergebung widerrechtlicher Aneignung von Eigentum, weitere andere bei der Vorstellung erstgeborener Kinder im Tempel oder bei Wiederaufnahme geheilter Aussätziger in die menschliche Gemeinschaft. Einzelpersonen wurden ermutigt, Opfer als Erfüllung von Gelübden darzubringen, die man in Krisenzeiten abgelegt hatte, oder als Ausdruck des Dankes für empfangene Wohltaten. Auch wurden jeden Morgen und jeden Abend Opfer für die ganze Gemeinde dargebracht, insbesondere am Sabbat, bei Neumond und an Festtagen.

Die Juden huldigten Gott nicht nur mit Opfern. Das Buch der Psalmen, das 150 Gesänge enthält, zeigt, welch große Rolle Musik und Gesang in der Anbetung im Tempel spielte. Es wurden auch Gebete rezitiert und die jüdischen Schriften verlesen. In den Synagogen oder an Anbetungsorten, in denen Opfer nicht erlaubt waren, beschränkten die religiösen Praktiken des Volkes sich auf die Vorlesung der heiligen Schriften oder auf die Rezitation von Gebeten oder Segenssprüchen sowie auf das Singen von Psalmen. (Die in den jüdischen Synagogen gebräuchliche Art der Anbetung wirkte modellbildend auf die spätere christliche Art der Anbetung. Gewisse Ähnlichkeiten bestehen auch zwischen der christlichen Gebetsform und dem moslemischen „salat".) Doch — obwohl die Juden gelernt hatten, Gott durch Gebet und Verlesung der Heiligen Schrift zu verehren, hielten sie dies nur für eine Ergänzung der Anbetung, wie sie im Jerusalemer Tempel erfolgte. Zur Zeit Jesu und seiner Gefährten, als der Tempel noch stand (er wurde 70 von den römischen Soldaten zerstört), betrachteten die Juden das Opfern im Tempel als den wesentlichsten Teil ihrer religiösen Pflichten und als das, wovon die Fortdauer und Sicherheit ihrer Nation abhängt.

Der nachstehende Abschnitt aus den Schriften eines christlichen Gelehrten, der mit dem jüdischen Leben und Denken zur Zeit Jesu bestens vertraut war, veranschaulicht, was der Tempel in Jerusalem und die Opfer damals für die Juden bedeuteten:

Überall, wo ein Römer, Grieche oder Asiat wanderte, konnte er seine Gottheiten mitführen oder Riten vorfinden, die seinen eigenen glichen. Ganz anders stand es um die Juden. Sie hatten nur den einen Tempel, den in Jerusalem, nur einen Gott, ihn, der einst zwischen Cherubim gethront hatte und der noch immer König über Zion war. Der Tempel war der einzige Ort, wo eine von Gott selbst ernannte reine Priesterschaft zur Vergebung der Sünden oder für die Gemeinschaft mit Gott annehmbare Opfer darbringen konnte. Vom goldenen Altar stieg eine süßduftende Weihrauchwolke auf, das Symbol für Israels akzeptierte Gebete. Auf dem großen blutbespritzten Altar rauchten die täglichen festlichen Brandopfer, die vom und für das ganze Volk Israel dargebracht wurden, wo immer es in der Zerstreuung lebte. Und die geräumigen Höfe des Tempels waren nicht nur von gebürtigen Palästinensern angefüllt, sondern buchstäblich von „Juden aus jeglicher Nation unter dem Himmel". Im Tempel symbolisierten sich die heiligen Erinnerungen an die Vergangenheit, und hieran klammerte sich die Fülle der ja viel helleren Hoffnungen auf die Zukunft. Die Geschichte Israels mit all ihren Erwartungen war mit der jüdischen Religion so sehr verflochten, daß man die Behauptung wagen darf: Ohne ihre Religion hätten sie keine Geschichte gehabt und ohne ihre Geschichte keine Religion. So wiesen Geschichte, Patriotismus, Religion und Hoffnung gleichermaßen in Richtung Jerusalem und Tempel als auf den Mittelpunkt von Israels Einheit[17].

Die Opfer im Tempel durften allerlei Naturprodukte sein, so auch Mehl und Öl, Brotlaibe, Erzeugnisse der Äcker und Obstgärten, Wein und Weihrauch. In der Hauptsache jedoch waren die Opfer Tiere: Rinder, Ziegen, Schafe, Tauben oder Turteltauben. Das Fleisch wurde je nach der Art des dargebrachten Opfers verwertet: manches wurde auf dem Altar verbrannt, anderes wurde den Priestern geschenkt, noch anderes wurde von den Spendern gegessen; doch wurden die Tiere in allen Fällen auf oder am Altar geschlachtet und ihr Blut auf dem Altar verspritzt und so jedes Tieropfer Gott dargebracht. Das Leben des Tieres, das in dem vergossenen und auf den Altar gespritzten Blut repräsentiert war, wurde Gott angeboten, dessen Gegenwart im Altar versinnbildlicht war. Das Gesetz (Tawrat) formuliert es so: „Das Lebenszentrum eines lebendigen Wesens ist in seinem Blut. Ich habe es für euch auf den Altar als Sühneopfer bestimmt. Denn es ist das Blut, welches die Versöhnung durch das Leben, das im Blute ist, bewirkt" (3. Mose 17,11).

Bis zu Jesu Tod dachten die Apostel genau wie alle anderen Juden. Sie waren der Ansicht, das Hauptmittel, um von Gott angenommen zu werden, sei die Darbringung von Tieropfern. Nach dem Tod und der Auferstehung des Messias änderte sich diese Haltung. Der Retter war als der Knecht Gottes zu ihnen gekommen, und sie hatten in seinem Leben und Sterben eine Liebe gefunden, welche sie alle jederzeit und unter allen Umständen annahm. Diese annehmende Liebe des Messias wurde durch ihren Ungehorsam nicht beeinträchtigt; sie konnten sie auch nicht mit irgendeiner Spende oder einem Geschenk erkaufen; diese Liebe wurde ihnen im Überfluß, ohne jegliche Bedingung gewährt. Schon früh in seinem Erdenleben hatte der Messias den Menschen ihre Sünden vergeben, ohne irgendwelche Tieropfer zu erwähnen. Und als er hingerichtet wurde, vergab er den römischen Soldaten, die ihn ans Kreuz nagelten, und sprach liebende Worte zu dem sterbenden Banditen neben ihm. Gleich nach der Auferstehung ging der Messias zu Simon Petrus, der ihn ja zuvor verleugnet hatte, um ihm zu verzeihen und ihn in die Schar seiner Anhänger von neuem einzusetzen.

Diese glaubten auch, daß Jesus, der Knecht des Herrn, ihnen endgültig gezeigt hatte, wie Gottes Liebe war. So fingen sie an zu begreifen, daß Gottes Liebe bedingungslos gegeben wurde und daß es nicht nötig ist, Opfer darzubringen, um sich sein Wohlwollen zu sichern. Dies hatten sie vor allem aus einer Geschichte gelernt, die der Messias ihnen erzählt hatte:

Lukas 15, 11—32:
Es war einmal ein Mann, der hatte zwei Söhne. Der jüngere sagte zu seinem Vater: „Vater, gib mir meinen Anteil am Erbe!" Der Vater teilte das Eigentum unter seine beiden Söhne. Nach einigen Tagen verkaufte der jüngere seinen Anteil und verließ das Haus. Er reiste weit weg und verpraßte da das ganze Geld in sorglosem Leben, bis zuletzt nichts mehr da war. Dann brach in jenem Land eine Hungersnot aus, und er sah sich völlig mittellos. So blieb ihm nichts anderes übrig, als sich in eine Arbeit bei einem Bürger jenes Landes zu verdingen; der sandte ihn hinaus, um die Schweine zu hüten. Der junge Mann wünschte sich, er dürfe die Bohnenhülsen essen, welche die Schweine fraßen; aber niemand gab sie ihm. Endlich kam er zu der Einsicht und sagte sich: „Alle Lohnarbeiter meines Vaters haben mehr, als sie essen können, und ich bin hier fast am Verhungern! Ich will mich aufmachen und zu meinem Vater gehen und ihm gestehen: Vater, ich habe gegen Gott und gegen dich gesündigt. Ich bin nicht länger wert, dein Sohn zu heißen. Behandle mich wie einen deiner Lohnarbeiter." So machte er sich denn auf und kehrte zu seinem Vater zurück.

Er war noch weit von zuhause weg, als der Vater ihn kommen sah. Sein Herz war voller Erbarmen, und er lief auf seinen Sohn zu, umarmte ihn und küßte ihn. „Vater", sagte der Sohn, „ich habe gegen Gott und gegen dich gesündigt. Ich bin es nicht länger wert, dein Sohn genannt zu werden." Doch der Vater rief seine Diener herbei: „Eilt euch! Bringt das beste Gewand und zieht es ihm an! Tut ihm einen Ring an den Finger und zieht ihm Schuhe an! Dann nehmt das beste Kalb und laßt uns ein Freudenfest feiern! Denn dieser Sohn war für mich tot, aber jetzt ist er wieder lebendig! Er war verloren, nun ist er wiedergefunden!" Und so begann das Fest.

Inzwischen war der ältere Sohn draußen auf dem Felde. Als er auf dem Rückweg sich dem Vaterhaus näherte, hörte er Musik, Gesang und Tanz. Er rief einen der Diener herbei: „Was ist da los?" „Dein Bruder ist heimgekehrt", antwortete der Diener, „und dein Vater ließ das beste Kalb schlachten vor lauter Freude, den Sohn gesund und wohlbehalten zurückzuhaben." Daraufhin wurde der ältere Bruder so zornig, daß er nicht ins Haus gehen wollte. Doch sein Vater trat heraus und drang in ihn, hereinzukommen. „Sieh' doch, Vater", hielt ihm der Sohn vor, „all die Jahre habe ich mich wie ein Sklave für dich abgerackert, und nicht ein einziges Mal habe ich mich deinen Anordnungen widersetzt. Was ist der Dank dafür? Nicht einmal eine Geiß hast du mir geschenkt, damit ich im Freundeskreis froh und lustig sein konnte! Aber dieser da, dein anderer Sohn, vergeudete Hab und Gut mit lockeren Weibern, und jetzt, da er wieder hier ist, läßt du für ihn das allerbeste Kalb schlachten!" „Mein Sohn", sagte der Vater, „du bist doch immer zuhause, und alles, was ich habe, gehört auch dir. Dein Bruder dagegen war tot für uns, nun ist er lebendig wieder da. Er war verloren, jetzt wurde er wiedergefunden. Da müssen wir doch ein Freudenfest feiern . . ."

In dieser Geschichte repräsentiert der ältere Sohn die jüdi-

schen religiösen Führer, die des Glaubens waren, einzig und allein durch peinlich genauen Gehorsam und durch die Beachtung der Opfervorschriften vermöge jemand Gottes Vergebung und Aufnahme bei ihm erlangen.
Nach Jesu Auferstehung hatten die Tieropfer für seine Schüler keinen Sinn und Zweck mehr; es war, als habe Gott selber im Tod des Messias das eine vollkommene Opfer verordnet, welches mit einem Mal alle anderen Opfer beseitigte und sie überflüssig machte. Das Herzstück ihrer Botschaft war: „Alle von euch sollen es wissen, daß euch durch Jesus die Vergebung der Sünden gepredigt wird. Ihr sollt wissen: Jeder, der an ihn glaubt, wird dadurch aller Sünden ledig, von denen euch das Gesetz des Moses nicht befreien kann!" (Apg. 13, 38—39).
Diese Verkündigung der Vergebung der Sünden bedeutete nicht, daß Christen von da an die Freiheit bekamen, alles zu tun, was ihnen paßte, weil sie wußten, es werde an Vergebung nicht fehlen; es war den Aposteln ganz klar, daß Gott den Menschen nur deshalb vergeben hatte, um sie damit zugleich auch in ein Leben der Wahrhaftigkeit und Rechtschaffenheit zu versetzen. „Ich verdamme dich nicht! Gehe hin, aber sündige nicht wieder!" (Joh. 8, 11), sagte der Messias einer Frau, die wegen Ehebruchs angeklagt war. Und als Paulus sehr ausführlich von Gottes Vergebung durch Jesus sprach, erklärte er zugleich auch, wie Christen sich verhalten sollten:

Römer 6, 17—18:
Dank sei Gott! Denn ehedem wart ihr Sklaven der Sünde, aber jetzt gehorcht ihr aus ganzer Seele der Wahrheit, wie ihr gelehrt worden seid. Ihr wurdet aus dem Bann der Sünde befreit und seid dadurch Sklaven der Gerechtigkeit!

Die Jünger Jesu waren sich bewußt, es werde einst der Tag des Gerichts kommen, und Gottes eigenes Volk werde als allererstes gerichtet werden (s. 1. Petr. 4, 17—19). Aber sie freuten sich der vollen und großherzigen Vergebung des Messias, der für sie den Tod erlitten hatte.

Das vollkommene Opfer

Die Apostel hielten den Tod des Messias für einen höchst großherzigen und unverdienten Akt, der das Opfern von Tieren und sonstiger Gaben für Gott unnötig machte. Angesichts solcher Selbstlosigkeit blieb den Empfängern nichts anderes übrig, als die Vergebung und Barmherzigkeit anzunehmen und mit Dank und Gehorsam zu beantworten; der Versuch, solche Hochherzigkeit selber zu verdienen, war und ist ganz undenkbar. So hielten die Gefährten Jesu seinen Tod denn auch für das eine, vollkommene, letzte Opfer, das alle anderen Opfer erübrigte. Sie folgten damit den Vorstellungen, die im Zusammenhang mit Opferungen üblich waren, und erklärten, daß der Tod und die Auferstehung des Messias den Menschen Vergebung und neues Leben bringen. Sie verwendeten die entsprechenden Ausdrücke in ihren Predigten und Briefen in großer Mannigfaltigkeit, immer mit dem Ziel, den Hörern klarzumachen, was der Messias durch seinen Tod vollbracht hat.

Ihre nachdrücklichen Hinweise auf das Opfergeschehen im Sterben des Messias münden in die Bezugnahme auf „das Blut des Messias, welches uns rein von jeder Sünde macht". Genauso, wie die Juden von ihren Verstößen gegen das Gesetz des Moses durch ein Tieropfer, dessen Blut auf dem Altar verspritzte, entsündigt wurden, so wußten nunmehr die Christen, daß sie durch den Tod des Messias, dessen Blut bei seiner Kreuzigung vergossen wurde, Vergebung erlangt hatten und erneut in die Gemeinschaft mit Gott aufgenommen worden waren. Sie benutzten den Ausdruck „Blut des Messias", um die Seelenangst und den Todeskampf zu beschreiben, wodurch ihr Herr seine Bereitschaft bewiesen hatte, die Menschen bis zur Hingabe seines Lebens zu lieben.

Bei zahlreichen Gelegenheiten sprachen die Gefährten und Nachfolger vom Retter als einem, der die Sündenlast der Menschheit trug, wie das auch Petrus mit den Worten ausdrückt: „Der Messias selber trug unsere Sünden an seinem Leib aufs Kreuz" (1. Petr. 2, 24). Dieser (für uns heute etwas schwer verständliche) Ausdruck war eine Anspielung auf den Brauch im mosaischen Gesetz, demzufolge das ganze Volk jedes Jahr an einem bestimmten Tage fastete und betete und wobei der Hohepriester einer Ziege seine Hände auf den Kopf legte, alle Verfehlungen und Sünden der Söhne Israels bekannte und diese Last der Ziege als Schuld auferlegte. Nach dieser symbolischen Belastung der Ziege ließ er sie unter Leitung eines bereitstehenden Mannes in die Wüste gehen. So trug die Ziege alle Sünden fort an einen entlegenen Ort (s. 3. Mose 16, 20—22). Es mag auch eine Bezugnahme auf den alten Brauch vorliegen, daß jemand für seine Sünde ein Opfer darbrachte und seine Hand auf das geschlachtete Opfertier legte, wodurch er das Opfer mit der eigenen Sünde identifizierte. Paulus mit seiner lebendigen Sprechweise formulierte das so: „Der Messias war ohne Sünde, doch Gott ließ ihn an unseren Sünden teilhaben, damit wir in Gemeinschaft mit ihm an Gottes Gerechtigkeit beteiligt seien" (2. Kor. 5, 21). Wenn die Jünger Jesu diese Sprache gebrauchten, so dachten sie indessen nicht allein an die Praxis der Opferung; ihre Vorstellungen verdankten vieles der Beschreibung des Jesaja vom Knecht Gottes als dem Einen, der sein Volk dadurch rettete, daß er dessen Sünden- und Sorgenlast auf sich nahm (s. S. 63).

Eine andere Einrichtung des jüdischen Religionsgesetzes erhellte den Anhängern den Sinn und Zweck von Jesu Tod: nämlich die Opferung eines Lammes durch jede jüdische Familie beim Passahfest. Dies jährlich gefeierte Fest sollte die Juden an die Geburt ihrer Nation und die Gründung ihres Bündnisses mit Gott erinnern (s. S. 25). Das gemeinsame feierliche Essen von Lämmern, deren Blut auf die Türpfosten der Häuser geschmiert wurde, in denen man aß, ratifizierte von neuem das altüberkommene Bündnis zwischen dem Volk und Gott. Mit diesem Fest feierte man die Errettung vor dem Pharao und den Beginn der Existenz als unabhängiges, geeintes Volk im Lande des Segens. In entsprechender Weise glaubten die Christen, der Tod des Messias habe sie von den Mächten des Bösen befreit und ein neues Bündnis hergestellt, das sie zum Neuen Israel, zum neuen Volke Gottes, machte; so sprachen sie vom Messias in bildlicher Weise als vom „Osterlamm" oder „Passahlamm". So schrieb der Apostel Paulus alsbald:

1. Korinther 5, 7—8:
Unser Passafest ist bereitet, jetzt, da der Messias, unser Osterlamm, geopfert worden ist. Lasset uns unser Fest nicht mit Brot feiern, welches den alten Sauerteig enthält, den Sauerteig der Sünde und Unmoral, sondern mit dem Brot ohne Sauerteig, dem Brot der Reinheit und Wahrheit.

In der christlichen Kirche trat das Fest der Auferstehung, der Ostertag, an die Stelle des altüberkommenen jüdischen Passahfestes.
Es war ganz natürlich, daß die Jünger Jesu bildliche Redewendungen und Gedankenformen verwendeten, die sich auf die Opferung bezogen, wenn sie die Kraft von Jesu Tod und Auferstehung erklären wollten; denn sie gehörten ja einem Volk an, dessen religiöses System auf den im Tempel vollzogenen Opferungen beruhte. Außerdem lebten sie in der Epoche des frühen Römischen Weltreiches, in dem Opfer (in den Tempeln der Heiden) ein hervorstechender Zug des täglichen Lebens waren, nicht nur in den Städten, sondern auch in den Dörfern. Wenn damit auch die mit dem Opfer zusammenhängenden bildlichen Ausdrücke ihnen die Möglichkeit boten, in ihrer öffentlichen Verkündigung die Bedeutung des Todes des Messias zu erklären, so legten sie doch allezeit Wert darauf, hervorzuheben, daß Gott der Eine war, der ihn in die

Welt gesandt, und somit auch der Eine, der das letzte Opfer bewirkt hatte.

2. Korinther 5, 17—21:
Jeder, der sich dem Messias anschließt, wird dadurch ein neues Wesen. Das alte ist dann vergangen, das neue ist da. All dies geschieht durch Gott, der uns durch den Messias von Feinden in seine Freunde umgewandelt hat und uns die Aufgabe zuwies, auch andere Menschen zu seinen Freunden zu machen. Gott machte gegen sie nicht ihre Sünden geltend, er gab uns die Botschaft, wie er sie zu Freunden macht. Hier sprechen wir dann für den Messias, als ob Gott selber sich durch uns an euch wendete. Im Namen des Messias bitten wir euch: laßt Gott euch von Feinden in Freunde verwandeln! Der Messias war ohne Sünde; aber Gott ließ ihn an unseren Sünden teilhaben, damit wir, in Vereinigung mit ihm, an der Gerechtigkeit Gottes teilnähmen.

Weil das Kommen des Messias von der Initiative bzw. dem eigenen Willen Gottes herrührte und weil nach den Heiligen Schriften der Christen sein Tod gleichfalls Gottes Wille für ihn war, wurde die Grundidee von der Opferung gleichsam auf den Kopf gestellt. Das allerletzte Opfer war nicht von Menschen getan, sondern von Gott. Der Priester, der es darbrachte, war nicht ein sündhafter Mensch, sondern der sündenfreie Messias, den Gott selbst in die Welt entsandt hatte. Das Opfer war nicht länger ein Tier aus den Herden, dessen Wert am Preis auf dem Markt gemessen werden konnte, sondern ein ganzes Leben voller Gehorsam, das der Messias, der Herr, aus freien Stücken Gott wegen der sündigen Menschen darbot und dessen Hergabe ein Akt grenzenloser Hochherzigkeit und größter Liebe zu den Menschen war.
Im Vertrauen auf die Selbstaufopferung Jesu nahten sich die Jünger und ersten Christen Gott in Gebet und Anbetung, und sie erfuhren dabei, daß sie versöhnt und von ihm akzeptiert waren. Nicht nur, daß sie sich der Verzeihung und der Be-

freiung von der Macht der Sünde bewußt wurden; sondern sie erlebten auch eine grundlegende Änderung ihrer Persönlichkeit. Der Geist Gottes machte sie zu neuen Menschen in der Gemeinschaft des Messias. Dadurch, daß sie sich auf das Sterben des Messias als einen ihretwegen dargebrachten Opfertod verließen, kamen sie wieder ins richtige Verhältnis zu Gott; er gab ihnen ein ganz neues Leben.
Diese Erfahrungen kommen in den nachstehenden Versen klar und eindeutig zum Ausdruck:

Epheser 2, 4—10:
Gottes Gnade ist so überreichlich und seine Liebe zu uns so groß, daß er uns, während wir geistlich tot in unserem Ungehorsam waren, zum Leben mit dem Messias brachte. Durch Gottes Gnade seid ihr gerettet worden. In unserer Vereinigung mit dem Messias Jesus hob er uns mit ihm empor, um mit ihm zusammen in der himmlischen Welt zu herrschen. Er tat dies, um für alle Zeiten klarzumachen, daß der überschwengliche Reichtum seiner Gnade in der Liebe zu uns käme, die er uns im Messias Jesus bezeugte. Denn einzig und allein durch die Gnade Gottes wurdet ihr errettet, durch den Glauben. Es ist nicht euer eigener Verdienst, sondern Gottes Geschenk. Es gibt nichts, dessen ihr euch rühmen dürftet; denn es ist nicht das Ergebnis eurer eigenen Anstrengungen. Gott ist unser Schöpfer. In unserer Vereinigung mit dem Messias hat er uns für ein Leben guter Werke geschaffen, zu welchen uns Gott zuvor bereitet hat.

1. Petrus 1, 3—4:
Laßt uns Gott, dem Vater unseres Herrn Jesus, des Messias, danken! Wegen seiner großen Gnade gab er uns neues Leben, indem er Jesus, den Messias, von den Toten erweckte. Dies erfüllt uns mit lebendiger Hoffnung, und so sehen wir voll Zuversicht der Zeit entgegen, in der wir an den reichen Segnungen werden teilhaben können, welche Gott für sein Volk

bereithält. Er bewahrt sie für euch auf im Himmel, wo sie unmöglich verderben oder vergehen können.

Die Liebe Gottes

Der Glaube der Jünger, daß Leben, Tod und Auferstehung des Messias große Taten Gottes zum Wohle des Menschengeschlechts waren, stellte das Hauptthema in ihrer Verkündigung dar als zusammenfassende Erklärung dafür, wie der Messias sie zu einem neuen und lebendigen Verhältnis Gott gegenüber gebracht hatte. Gott selbst hatte in der Person des Messias das eine vollkommene Opfer bewirkt, welches es den Menschen ermöglichte, ihn ohne Scham und ohne Bedingung anzubeten, mit der alleinigen Ausnahme: voll Dank und Vertrauen seine Verzeihung und seine Barmherzigkeit anzurechnen. Die Initiative dazu lag ausschließlich bei Gott; ihm allein kam Ruhm und Ehre zu.
Sie versicherten: Die großen Taten Gottes entsprangen seiner Liebe zur gesamten Schöpfung, insbesondere zum Menschengeschlecht. Sie glaubten: Die Menschheit hat seit Beginn der Schöpfung Gottes Gebote und seinen Willen mißachtet, so daß die Menschen nichts als Züchtigung und Verdammung durch Gott verdient hätten. Weil Gott indessen seine Geschöpfe liebe, habe er seinen Messias auf die Erde geschickt, um die Menschheit mit ihm selber zu versöhnen und das vollkommene Opfer zu bringen; so können sie ihn jetzt ohne Scham anbeten und zu seiner Gemeinschaft gehören.
Dies Argument wird ganz klar und deutlich in dem Brief auseinandergesetzt, den Paulus an die Gemeinde in Rom schrieb. Die wichtigsten Stellen seiner Ausführungen lauten:

Römer 1, 16—25:
Zu dieser Guten Nachricht bekenne ich mich ohne jede Furcht; denn in ihr wirkt Gottes Macht. Sie bringt allen Menschen Rettung, die ihr glauben; den Juden zuerst, aber ebenso den

Menschen aus anderen Völkern. Durch die Gute Nachricht zeigt Gott allen, wie er selbst dafür sorgt, daß sie vor ihm bestehen können. Der Weg dazu ist vom Anfang bis zum Ende bedingungsloses Vertrauen auf Gott. Denn es heißt ja: „Wer Gott vertraut, kann vor ihm bestehen und wird leben."
Gottes Gericht ist schon sichtbar. Sein heiliger Zorn trifft alle, die ihn nicht geehrt und seinen Willen mißachtet haben. Durch ihr gottloses Verhalten haben sie die Wahrheit unterdrückt. Denn was Menschen über Gott wissen können, ist ihnen bekannt. Gott selbst hat es ihnen bekanntgemacht. Zwar kann niemand Gott sehen; aber er zeigt sich den Menschen in seinen Werken. Weil er die Welt geschaffen hat, können sie seine ewige Macht und sein göttliches Wesen mit ihrem Verstand erkennen. Sie haben also keine Entschuldigung.
Aber obwohl sie Gott kannten, gaben sie ihm nicht die Ehre, die ihm zusteht, und dankten ihm nicht. So kam es, daß ihre Gedanken in die Irre gingen, und in ihren unverständigen Herzen wurde es finster. Sie bildeten sich etwas auf ihre Klugheit ein, aber in Wirklichkeit wurden sie zu Narren. Anstatt den ewigen Gott zu verehren, beteten sie Bilder von sterblichen Menschen, Vögeln, Vierfüßlern und Schlangen an. Darum gab Gott sie ihren Leidenschaften preis und ließ sie ihre eigenen Körper schänden.
Sie beteten an, was Gott geschaffen hat, anstatt ihn selbst als Schöpfer zu ehren — ihm sei Lob für immer und ewig. Amen.

Römer 3, 9—12:
Drücke ich mich etwa um eine klare Auskunft? Durchaus nicht! Ich habe schon gesagt, daß die Juden genauso wie die anderen Völker in der Gewalt der Sünde sind. In den heiligen Schriften heißt es:
Kein einziger Mensch kann vor Gott bestehen;
keiner ist verständig und fragt nach dem Willen Gottes.
Alle sind vom rechten Weg abgekommen; einer wie der an-

dere sind sie zu nichts zu gebrauchen. Nicht ein einziger tut, was recht ist.

Römer 3, 21—26:
Aber jetzt ist eingetreten, was das Gesetz selbst und die Propheten im voraus angekündigt hatten: Gott hat so gehandelt, wie es seinem Wesen entspricht. Er hat selbst dafür gesorgt, daß die Menschen vor ihm bestehen können. Er hat das Gesetz beiseite geschoben und will die Menschen annehmen, wenn sie sich nur auf Jesus Christus verlassen.
Das gilt ohne Ausnahme für alle, die Christus vertrauen. Vor Gott gibt es keinen Unterschied. Alle sind schuldig geworden und haben den Anteil an Gottes Herrlichkeit verscherzt, der ihnen zugedacht war. Aber Gott hat mit ihnen Erbarmen und nimmt sie wieder an. Das ist ein reines Geschenk. Durch Jesus Christus hat er uns aus der Gewalt der Sünde befreit.
Ihn hat Gott als Versöhnungszeichen vor aller Welt aufgerichtet. Sein Blut, das am Kreuz vergossen wurde, bringt allen den Frieden mit Gott, allen, die dieses Friedensangebot bedingungslos annehmen. Früher hatte Gott Geduld mit den Menschen und ließ ihre Sünden ungestraft. Jetzt aber vergibt er ihnen die Schuld. So zeigt er, daß seine Treue unwandelbar ist.

Römer 5, 6—11:
Als wir noch zu schwach waren, um das Gute zu tun, ist Christus für uns gottlose Menschen gestorben. Das geschah zu der Zeit, die Gott selbst bestimmt hatte. Wer ist schon bereit, auch nur für einen schuldlosen Menschen zu sterben? Allenfalls könnte sich einer entschließen, für einen besonders guten Menschen den Tod auf sich zu nehmen. Christus aber starb für uns, als wir noch Gottes Feinde waren. Damit hat Gott uns bewiesen, wie sehr er uns liebt. Wenn wir aber schon jetzt durch den Opfertod Christi bei Gott angenommen sind, dann werden wir erst recht durch Christus vor Got-

tes zukünftigem Zorn bewahrt werden. Als wir noch Gottes Feinde waren, hat Gott durch den Tod seines Sohnes unsere Feindschaft überwunden. Jetzt, wo wir Gottes Freunde geworden sind, wird uns das neue Leben seines Sohnes erst recht vor dem Gericht Gottes schützen. Aber schon jetzt sind wir von der Gewißheit erfüllt, daß wir Gott auf unserer Seite haben. Das verdanken wir Jesus Christus, unserem Herrn, der uns den Frieden mit Gott gebracht hat.

Der Nachdruck dieser Stellen im Brief des Paulus liegt auf der Liebe Gottes als dem Wege für die Menschen zu einem segensreichen und erfreulichen Verhältnis zu Gott. Der gleiche Nachdruck liegt auch auf zahlreichen anderen Stellen der Heiligen Schriften der Christen.

Zwei Punkte sind in Verbindung mit dem von den Aposteln auf Gottes Liebe gelegten Nachdruck noch zu betonen:

Erstens meinten sie mit dem Wort „Liebe" nicht sentimentales Gefühl, wie es im modernen Sprachgebrauch für das Wort Liebe oft gebraucht wird. Liebe war für sie vielmehr die Handlungsweise des Herrn, des Messias, der mutig und aus freiem Willensentschluß sein Leben für andere opferte. Das Wort bedeutete die vorsätzliche und standhafte Absicht, sich um das Schicksal anderer zu kümmern und nach ihrem Wohl zu fragen, ganz gleich, was ihn selber solche Fürsorge kosten würde. Diese Liebe zeigte sich klar in der Bereitschaft des Messias, um anderer willen den Tod zu erleiden. So grundverschieden war diese Liebe von dem, was die Menschen im allgemeinen unter Liebe verstehen, daß die christlichen Apostel ein besonderes Wort aus dem Griechischen dafür benutzten, um eine Verwechslung mit „Freundschaft" oder „geschlechtlicher Begierde" zu vermeiden. Die Christen heute folgen vielfach ihrem Beispiel und sagen dann „Nächstenliebe" (vom lateinischen „caritas"), wenn sie die selbstaufopfernde Liebe zu den Menschen meinen.

Zweitens gilt: Die Apostel legten Nachdruck darauf, daß es die Pflicht der Christen sei, dem Vorbild des Messias zu folgen und Liebe zur Grundlage ihrer Beziehungen zu den Mitmenschen zu machen. Bei seinem letzten Abendessen mit ihnen hatte er ihnen das Gebot gegeben, einander liebzuhaben, so wie er sie liebgehabt hatte (s. Joh. 13, 34). Dies war der Grund zu dem Aufruf, ihm in Selbstaufopferung zu folgen, wie er es ihnen vorgelebt hatte.

Lukas 9, 23—24:
Zu allen sagte er: „Wer mit mir kommen will, der darf nicht mehr an sich selbst denken. Er muß Tag für Tag sein Kreuz auf sich nehmen und mir auf meinem Weg folgen. Denn wer sein Leben retten will, wird es verlieren. Aber wer sein Leben um meinetwillen verliert, wird es retten."
Sich so zu verhalten, wurde von dem Messias deutlich gemacht sowohl in seinem Handeln wie auch in seiner Lehre von der richtigen Verhaltensweise. Das Gebot, zu lieben, war der Kernpunkt seiner Auslegung des mosaischen Gesetzes (Tawrat). Dies läßt sich insbesondere aus seiner Diskussion mit den Rechtsgelehrten über das größte Gebot ersehen.
Der Messias hatte seine Jünger aufgerufen, sich selber in der Fürsorge um das Wohl anderer aufzuopfern. Sie wendeten dieses Gebot in den unterschiedlichsten Aspekten des Menschenlebens an, in der Familie, im Arbeitsbereich, im öffentlichen Leben usw. In allen Lebenslagen machten sie die Liebe, wie der Messias sie ihnen vorgelebt hatte, zum grundlegenden Prinzip ihres Verhaltens. Petrus sagte: „Der Messias selber litt für euch und hinterläßt euch ein Vorbild, damit ihr in seinen Fußstapfen folgen könnt" (1. Petr. 2, 21). Paulus formulierte das so: „Laßt die Liebe euch dazu bringen, daß ihr euch untereinander dient und helft. Denn das ganze Gesetz faßt sich in einem einzigen Gebot zusammen: ‚Liebet euren Nächsten wie euch selbst!'" (Gal. 5, 13—14). Christen haben unzählige Male gegen dieses Gebot verstoßen; dennoch ist es allezeit der Verhaltensmaßstab gewesen, den echte Nachfolger Jesu zu befolgen sich beflissen[18].

Gottes Menschenliebe, ausgedrückt im Leben und Sterben des Messias und wirksam als das entscheidende Schema christlicher Lebensführung, wurde das einigende Grundthema in der Verkündigung der ersten Christen. Ganz klar findet das seinen Ausdruck in einem Brief, der wahrscheinlich von Johannes, einem der Jünger des Messias, im hohen Alter geschrieben wurde.

1. Johannes 4, 7—12. 16—19
Liebe Freunde, wir wollen einander lieben, denn die Liebe kommt von Gott. Wer liebt, ist ein Kind Gottes und zeigt, daß er Gott kennt. Wer nicht liebt, kennt Gott nicht, denn Gott ist Liebe. Gottes Liebe zu uns hat sich darin gezeigt, daß er seinen einzigen Sohn in die Welt sandte. Durch ihn wollte er uns das neue Leben schenken. Das Besondere an dieser Liebe ist: Nicht wir haben Gott geliebt, sondern er hat uns geliebt. Er hat seinen Sohn gesandt, der sich für uns opferte, um unsere Schuld von uns zu nehmen. Liebe Freunde, wenn Gott uns so sehr geliebt hat, dann müssen auch wir einander lieben. Niemand hat Gott je gesehen. Aber wenn wir einander lieben, lebt Gott in uns. Dann erreicht seine Liebe bei uns ihr Ziel.
Wir jedenfalls wissen es und verlassen uns darauf, daß Gott uns liebt.
Gott ist Liebe. Wer in der Liebe lebt, der lebt in Gott, und Gott lebt in ihm. Wenn die Liebe ihr Ziel bei uns erreicht, dann können wir am Tage des Gerichts zuversichtlich sein, weil wir in dieser Welt so leben wie Christus. Die Liebe kennt keine Angst. Wahre Liebe vertreibt die Angst. Wer Angst hat und vor der Strafe zittert, bei dem hat die Liebe ihr Ziel noch nicht erreicht.
Wir lieben, weil Gott uns zuerst geliebt hat.

6. Die überlegene Macht der Liebe

Die lebenspendende Kraft

Die Moslems bestehen mit vollem Recht auf dem Königtum Gottes, auf seiner Herrschaft im Weltall. Das ist ein vorrangiges Grundthema im Koran, man möchte fast sagen: sein ständiges Thema. Der Moslem versichert das immer wieder auch in den Worten und Handlungen des rituellen Gebets (salat):

„Preis und Lob gebührt Gott, dem Herrn der Welten,
dem Gnadenvollen, dem Barmherzigen,
dem Herrscher am Tage des Gerichts.
Du bist der Eine, den wir anbeten,
der Eine, den wir um Hilfe anflehen."

Demutsvolle Hinnahme von Gottes Souveränität ist die Triebkraft in der moslemischen Frömmigkeit; sie wird im Laufe des Tages in zahllosen Worten und Taten bekräftigt. „Ma sha allah, in sha allah, al-hamdu lillah" und andere Redewendungen rufen dem frommen Moslem immer von neuem in Erinnerung, daß er sein gesamtes Erdenleben in der Gegenwart und unter der Regierung des Schöpfers des Weltalls verbringt. Das hat der Islam den Menschen weltweit eindrücklich gemacht. Viele Andersgläubige, nicht zuletzt die Christen, könnten nur Vorteile davon haben, wenn sie für ihre eigene Einstellungen dem Leben und der Religion gegenüber hieraus lernen würden. Die Herrschaft Gottes wird indessen auch hier nicht ohne Gnade ausgeübt; denn der Herr der Welten, der Herrscher am Tage des Weltgerichts, ist auch als der Mitleidvolle und Barmherzige bekannt. Er ist der Eine, dessen Gnade und Kenntnis alle Dinge umfaßt" (Ghafir, 40, 7), und manch eine Gabe und Hilfe wird im Koran „eine Gnade", „ein Akt der Barmherzigkeit" (rahma) Gottes genannt. Mitleid und Gnade Gottes sind im Koran ein ebenso zentrales Thema wie Gottes Souveränität, ein Thema, dessen Behand-

lung zahlreiche moslemische Gläubige in mancherlei Bedrängungen aufrechterhalten und ermutigt hat.
Es ist ein Thema, das, wie wir gesehen haben, in den christlichen Schriften eine zentrale Stelle einnimmt, und welches die Christen nachdrücklich erörtern, wenn sie vom Tode des Messias erzählen. Sie sehen in dessen Selbsthingabe am Ende seines Erdenlebens die erhabene und endgültige Demonstration von Gottes ewiger Gnade. Sie glauben, daß er „das" Wort Gottes war, der einzigartige menschliche Ausdruck seines Willens und Zieles. Daher sprechen sie von Gottes Liebe („caritas") stets in dem Sinne, wie diese vom Messias in seinem Leiden und Sterben demonstriert wurde.
Wenn die Christen so von Gott reden, dann achten sie darauf, die „Liebe" zu definieren als „Selbsthingabe, um das Wohlergehen von anderen zu erreichen" (s. S. 85). Sie weisen auf deren Macht hin, Leben zu schaffen, und Wunden, die das Leben schlug, zu heilen. Im natürlichen Universum gibt es zahlreiche Fälle, in denen Leben oder Wohlsein lebender Organismen nur gewährleistet ist, weil die „Eltern"-Einheit gelitten oder ihr eigenes Leben hingegeben hat. Der Same einer Blume oder eines Getreides muß keimen und schließlich seine Identität verlieren und absterben, wenn neue Saaten produziert werden sollen, die dann ihrerseits den Lebenszyklus weiterführen. Im menschlichen und tierischen Dasein ist es so, daß die Mutter nur um den Preis von Schmerzen und Mühsal Kinder zur Welt bringen kann; dieser Vorgang der Selbsthingabe der Mutter an das Kind spielt sich in der ganzen Kindheit ab, bis das Kind endlich erwachsen ist.
In den sonstigen menschlichen Beziehungen ist die Selbsthingabe für Mitmenschen am sinnfälligsten bei der Korrektur von mißlichen Situationen sowie bei der Schaffung von Möglichkeiten für neues Wachstum und Leben. Die Krankenschwester vermag den Patienten nur auf Kosten ständiger Pflege und Aufmerksamkeit durch die Krisis hindurchzubringen; oft ist ihre Übermüdung der Preis, den sie für die Gene-

sung des Patienten zahlt. Ihre Aufopferung, ihre tätige Barmherzigkeit macht ihn wieder gesund. In Kriegszeiten werden häufig Aktionen entschieden oder eine Truppe gerettet, indem ein einzelner sein Leben aufs Spiel setzt. Die Geschichte ist voll von derartigen Beispielen; keine Nation kann ein Monopol hinsichtlich solcher selbstaufopfernden Tapferkeit beanspruchen. In der Schule ist es so, daß die besten Lehrer die sind, welche sich in ihrer Sympathie für die Sache und die jungen Menschen im Klassenzimmer verausgaben, wodurch sie die Schüler mit ihrer eigenen Begeisterung erfüllen und zu beschleunigtem Wachstum führen. Oft ist der Lehrer dann erschöpft, weil er sich in seiner Hingabe übernommen hat.

Ähnliche Beispiele lassen sich allen möglichen Lebenssphären entnehmen, der Medizin, dem Sportwesen, der Fabrikarbeit, dem Verwaltungsdienst, dem Geschäftsleben, der Politik, der Kultur und der Wirtschaft. Überall und immer wieder gibt es Menschen, die ihre Zeit und Kraft über das Notwendige hinaus für den Dienst an anderen opfern. Die meisten von ihnen würden wohl kaum den Ausdruck „Liebe" gebrauchen, um ihren selbstlosen Einsatz für das Wohl ihrer Mitmenschen zu beschreiben; wohl aber kommt ihr Verhalten dem ganz nahe, was die Heiligen Schriften der Christen meinen, wenn sie von Liebe als „Nächstenliebe" sprechen.

Wenn diese selbstlose Liebe die Kraft hat, zu heilen, zu helfen und neues Leben zu schenken, wenn sie im Menschen, dem höchstentwickelten aller Geschöpfe, möglich ist und wirksam wird, dann erscheint es wohlbegründet, anzunehmen, daß diese Kraft auch ein wesentliches Merkmal von Gottes Handeln in der Welt ist. Liebevoller als eine Mutter, hochherziger als jeder Lehrer, selbstloser als ein Arzt oder jede Pflegerin gibt Gott sich selbst seinen Geschöpfen hin, indem er die Lasten ihrer Verfehlungen und Enttäuschungen trägt. Er sucht seine gesamte Schöpfung, auch die abgefallene, zu der Herrlichkeit zu bringen, die er für sie bestimmt hat.

Die Christen glauben, dies aufs deutlichste im Lebenswerk

des Messias zu erkennen. Wie bei uns sündigen Menschen echte Selbsthingabe häufig Schmerzen und Leiden, ja sogar den Tod verursacht, so war es auch bei dem „Wort Gottes", dem Messias, der für die Sünden der Welt büßte. Hier aber ist zu bedenken: Trotz der Pein bringt jede Selbstaufopferung für das Wohl anderer dem, der Liebe ausstrahlt, Freude, weil er neues Leben und Glück schafft für die, welche er liebhat. Als der Messias schon den Kreuzestod vor sich sah, verhieß er bei der letzten Abendmahlzeit seinen Jüngern Frieden und übertrug auf sie seine eigene Freude. Er sagte:

Johannes 16, 21:
Wenn eine Frau ein Kind zur Welt bringt, leidet sie Schmerzen; aber wenn das Kind geboren ist, vergißt sie die Schmerzen und ist nur noch glücklich, daß ein Mensch zur Welt gekommen ist.
Alle, die Opfer bringen, finden Freude in dem Leben und der Heilung, welche sie anderen spenden, soviel es sie auch kosten mag. Wir Christen glauben daher, daß der ewige Gott, der Schöpfer und Erhalter alles Seienden, Freude daran hat, sich aus Liebe für seine Schöpfung hinzugeben, und daß sogar angesichts dieser vollkommenen Liebe die Engel den Lobpreis von Gottes Herrlichkeit anstimmen. Der Messias, Gottes unter den Menschen gesprochenes „Wort", erlitt Pein und Marter wegen der Sünde der Menschen; dennoch war, ebenso wie Sorge und Leid, Freude der Grundton seines Erdenlebens. Als er im Garten Gethsemane betete, daß Gottes Wille geschehe, betete er nicht nur in Resignation, sondern auch in freudiger Entschlossenheit, Gottes Willen zu tun, weil das für ihn das beste war.

Hebräer 12, 2:
Dabei wollen wir Jesus nicht aus den Augen lassen. Er hat uns den Weg des Vertrauens geöffnet und bringt uns auch ans Ziel. Er hat das Kreuz auf sich genommen und sich nichts

aus diesem schändlichen Tod gemacht, weil eine so große Freude auf ihn wartete. Jetzt hat er seinen Platz neben Gott eingenommen.

König und Vater

Wenn Christen von Gottes Liebe sprechen, wollen sie nicht Gottes Herrschergewalt verkleinern; im Gegenteil: sie bestehen auf seiner Souveränität, weil diese ebensosehr in Barmherzigkeit und Selbsthingabe für das Wohl seiner Geschöpfe wie in Aktionen der Macht und Verurteilung ausgeübt wird. Der Nachdruck auf dem liebenden Charakter von Gottes Herrschaft steht in Einklang mit dem Glauben der Christen, wonach der Messias ihr Retter und ihr Herr wurde, weil er sich aus Selbsthingabe um ihretwillen aufopferte.
Christen drücken ihren Glauben an die liebende Natur von Gottes Herrschaft, d. h. an seine Gnade und Mildherzigkeit dadurch aus, daß sie sich des Ausdrucks „Vater" bedienen, wenn sie sich an Gott im Gebet wenden; der Messias selber lehrte sie, so zu beten (Luk. 11, 1—4). Das wurde rasch ein Merkmal ihrer Gebete, die häufig mit den Worten beginnen:

Epheser 3, 14—17:
Deshalb also bete ich zu Gott. Er ist der Vater, von dem alle Wesen in der himmlischen und in der irdischen Welt ihr Leben haben. Ich bitte ihn, daß er euch aus dem Reichtum seiner Herrlichkeit beschenkt und euch durch seinen Geist innerlich stark macht. Ich bete darum, daß Christus durch das Vertrauen, das ihr zu ihm habt, von euch Besitz ergreift und daß ihr fest in der Liebe wurzelt und euer ganzes Leben auf sie baut.
Indem die Christusjünger so beteten, hatten sie keineswegs die Absicht, damit eine Vaterschaft im irdischen Sinne zum Ausdruck zu bringen oder den ungeheuren Unterschied zwischen Schöpfer und Geschöpf zu verdunkeln. (Der Islam hebt

diese Verschiedenheit ja mit besonderem Nachdruck hervor.) Wohl aber war es ihre Absicht, deutlich zu machen, daß der ewige Gott, der souveräne Herr des gesamten Weltalls, seiner Schöpfung gegenüber in Liebe handelt und daß er Vertrauen und Gehorsam beanspruchen darf als der gute Vater seiner Kinder. Die Rechtfertigung für diese Art von Gebeten ergab sich ihnen aus der Liebes- und Vertrauensbeziehung zwischen Schöpfer und Geschöpf; und dieses Verhältnis war ihnen durch die Lehre und das Leben und Sterben des Messias enthüllt worden. Er war es doch, der die Menschen lehrte, an Gott in diesem Sinne zu glauben, und sein Tod am Kreuz bewies die vollständige und endgültige Hochherzigkeit von Gottes Liebe. In christlicher Sicht ist Gott dann voll und ganz Gott, voll und ganz souverän, wenn er aus Liebe handelt und etwas von sich selbst hingibt, um für die ganze Schöpfung das Höchste zu vollbringen. Der vollkommenste Ausdruck solcher Barmherzigkeit und Liebe zu den Menschen aber waren das Leben, das Sterben und die Auferstehung des Messias.

Die Jünger Jesu verließen sich auf diese Liebe und lehrten deshalb: Die Menschen sollen ihre Sünden bereuen; durch den Glauben an Jesus, den Messias, würden sie Versöhnung mit Gott erlangen und mit ihm als Glieder seiner Familie wieder in ein gutes und lebendiges Verhältnis zu ihm kommen. Ihrer Überzeugung nach übt Gott diese Souveränität wie jener Vater in der Erzählung des Messias aus, der bei der reuigen Rückkehr seines Sohnes erklärte: „Dieser mein Sohn war tot, aber jetzt ist er wieder lebendig. Er war verloren, doch nun ist er wiedergefunden." Die Jünger wußten, daß dies zutrifft, und zwar aufgrund des Opfertodes und der Auferstehung des Messias, wodurch das Böse vernichtet und ein neues Bündnis zwischen Gott und den Menschen geschlossen wurde.

NACHWORT

Das vorliegende Buch wendet sich in erster Linie an „gläubige Moslems". Es will diesen helfen, den Zugang zu Christus zu finden, weshalb der Verfasser in kritisch informierender Weise die islamische Grundhaltung, die auf die Alleinherrschaft Gottes ausgerichtet ist, zur Basis seiner Darlegungen macht.

Im Blick auf die neutestamentliche Botschaft ist das begreiflicherweise nicht unproblematisch; denn das Ärgernis des Kreuzes widerstrebt jeder Harmonisierung mit einem monotheistischen Extremismus. Der Verfasser des Buches bleibt sich dessen voll bewußt. Er stellt die Machtherrlichkeit Allahs der Selbsterniedrigung und Liebe des Vaters gegenüber.

Wenn Brown für Christus die Bezeichnung „Stellvertreter Gottes" statt „Sohn Gottes" verwendet, so will er dem Moslem nicht nur sagen, daß Jesus der vollkommene „Menschensohn" ist, sondern auch der Christus, der stellvertretend handelte im Sinne des Wortes: „Gott war in Christus und versöhnte die Welt mit ihm selber." Der Begriff „Sohn Gottes" löst beim Moslem sofort eine biologische Vorstellung aus: Gott verheiratet sich mit Maria und zeugt einen Sohn.

Dem Verfasser wird das Kreuzesgeschehen zu einer „Demonstration der Herrschaft Gottes". Eine solche Aussage ist für einen Moslem etwas Unerhörtes und seinem Denken total Fremdes. Nach seiner Meinung kann die Selbsterniedrigung Jesu unter die Gewalt der Heuchler und Sünder nur den Verlust seiner Majestät bedeuten.

Überdies ist die (manchen vielleicht befremdlich anmutende) Nacherzählung vom Leben und Sterben des Messias eine zwar verdeckte, doch intensive Auseinandersetzung mit traditionellen islamischen Vorbehalten und Einwänden, wie andererseits die Kombinierung von Gottesherrschaft und Kreuz für den Moslem ein stärkerer Anreiz zur Auseinandersetzung ist, als wenn der Akzent gleich auf die opferwillige Liebe gelegt worden wäre. Daß das Kreuz das Gericht über unsere Sünde ist, davon zeugt im übrigen (nach einem Wort des Übersetzers) „das Buch in seiner Gesamtheit".

Nun aber — unsere Vorlage geht keineswegs allein die Moslems an, wiewohl die vom „Orientdienst" besorgte deutsche Ausgabe angesichts der zahlreichen Islam-Anhänger (und nicht nur Gastarbeiter) in unserem Sprachbereich von höchster Aktualität ist, zumal die Weltmoslem-Liga (Mekka) eine organisatorische Konsolidierung der islamischen Gemeinden in Europa anstrebt. Was das Brownsche Werk über seine spezifisch missionarische Zielrichtung hinaus so bedeutungsvoll macht, ist die ihm innewohnende Abwehrkraft auch gegenüber einer gefährlichen abendländischen Versuchung. Seit den Tagen der Renaissance, dann der Aufklärung und des deutschen Idealismus ist das Christliche bei uns zunehmend vom „Guten, Schönen und Wahren" unterwandert, und zwar im Sinne jenes neuen Humanismus, der zum Maß aller Dinge den „mündigen" Menschen macht. Diese Doktrin des euroamerikanischen Denkens heute, die die Christusnachfolge an Weltorganisationen weitergibt, ähnelt verdächtig der des Moslems, der erklärt, daß Glaubensaussagen nicht der Vernunft wiedersprechen dürfen. Hier steht Mohammed, ideologisch maskiert, in uns selber auf, weshalb es Zeit ist, daß wir ein Buch wie das vorliegende als Appell auch an den Christbürger unserer Tage aufzunehmen lernen. Es gibt eine moslemische Auffassung von Jesus, unserem Herrn, gegen die ist niemand von Natur aus gefeit . . .

So bietet dieses Buch denn ein Doppeltes: Es kann den Allah-Gläubigen den Blick für die Majestät des Gekreuzigten öffnen, und es kann den Christen unserer Breitengrade helfen, ihre Anfälligkeit gegenüber dem koranischen Gottesbegriff zu durchschauen und ihren Herrn Jesus Christus von der Nachbarschaft humanitärer Wunschvorstellungen zu befreien. Gottes Segen sei mit allen aufrichtigen Lesern — drüben und hüben! C. L.

In den nachfolgenden Anmerkungen wird auf einige Bücher von David Brown hingewiesen, die in der Reihe „Christianity and Islam" im Verlag London Sheldon Press erschienen sind. Im einzelnen handelt es sich dabei um:

1. Jesus and God;
2. The Christian Scriptures;
3. The Cross of the Messiah;
4. The Divine Trinity;
5. The Church and the Churches.

ANMERKUNGEN

[1] Nähere Einzelheiten über die Abfassung der Evangelien finden Sie in dem vom selben Verfasser herausgegebenen Buch „The Christian Scriptures", S. 29—33. — [2] Die christliche Datenbezeichnung „vor und nach Christus" wurde erst im 6. Jahrhundert n. Chr. eingeführt. Irrtümlich wurde dabei das Geburtsjahr des Messias falsch eingesetzt. — [3] Johannes der Täufer, siehe Seite 10 — [4] Der Messias nannte Gott „Vater"; bezüglich seiner Lehre darüber siehe „Jesus and God", S. 60 bis 67. — [5] Manchmal wird auf andere Verse, wie z. B. 5, 17 und 75, bei der Diskussion über die koranische Lehre vom Tod hingewiesen; ihre Bedeutung kommt in dieser Hinsicht jedoch nicht klar heraus. — [6] Siehe 2, 61. 91; 3, 21. 112. 181; 4, 154. — [7] Sure al-Ma'ida, 5, 64—66; al-Jumu'a, 62, 6—8. — [8] In Ibn Hishams Fassung der Sira, Kairo, Ausgabe I, 317—318. — [9] Op. cit., I, 290. — [10] M. A. Rauf „The Life and Teaching of the Prophet Muhammad", London, 1964, S. 54. — [11] Ibn Hisham, op. cit., I, 508; übersetzt von A. Guillaume, „Life of Muhammad", S. 235. — [12] Siehe „The Christian Scriptures" (Bemerkung 1), S. 2—6, wo diese Geschichte in Zusammenfassung erscheint. Koran, al-Nisa, 4, 155 bezieht sich auf die Tötung einiger Propheten durch die Juden. — [13] Jahweh war der genaue hebräische Name für Gott; was vermutlich bedeutet: „Der, der da ist", d. h. zu allen Zeiten und an allen Orten. — [14] d. h. „Jahweh (Herr) der himmlischen Heerscharen", was in etwa dem arabischen „rabbu l-alamin" (Herr der Welten) entspricht. — [15] Siehe Hinweise unter Punkt 6. Beachten Sie auch die Worte Jesu: „Selig seid ihr, so euch die Menschen hassen und euch ausstoßen und schelten euch und verwerfen euren Namen als einen bösen um des Menschensohnes (des Messias) willen. Freuet euch an jenem Tage und frohlocket; denn siehe, euer Lohn ist groß im Himmel. Desgleichen taten ihre Väter den Propheten auch" (Luk. 6, 22—23). — [16] „Sohn Gottes" wird hier als Titel des Messias gebraucht. Siehe „Jesus and God", S. 55—60. — [17] A. Edersheim „The Life and Times of Jesus the Messiah", 10. Auflage, I, S. 3—4. — [18] Dieses Thema ist ausführlicher behandelt worden in „Jesus and God", S. 29—33. — [19] Er war nicht Geschöpf, sondern setzte sich durch die Inkarnation den Bedingungen menschlichen Lebens aus. „Das Wort wurde ein Mensch (= ‚Fleisch') und lebte unter uns" (Joh. 1, 14).

Die im Buch zitierten neutestamentlichen Texte wurden der „Guten Nachricht" entnommen bzw. angepaßt. Daraus erklärt sich die verschiedene Schreibweise von Passah und Passa.